跟石佛学围棋

入门浅说

李昌镐 ● 著

陈　启 ○ 译

成都时代出版社
CHENGDU TIMES PRESS

图书在版编目(CIP)数据

跟石佛学围棋. 入门浅说/(韩)李昌镐著;陈启译.
—成都:成都时代出版社,2016.6
ISBN 978-7-5464-1663-2

Ⅰ.①跟… Ⅱ.①李… ②陈… Ⅲ.①围棋-基本知
识 Ⅳ.①G891.3

中国版本图书馆 CIP 数据核字(2016)第 134343 号

四川省版权局　著作权合同登记章　图进字 21-2016-9 号

跟石佛学围棋　入门浅说
GEN SHIFO XUE WEIQI RUMEN QIANSHUO
李昌镐　著　　陈 启 译

出 品 人	石碧川
策划编辑	黄　晓
责任编辑	樊思岐
责任校对	魏德美
封面设计	冯永革
版式设计	华彩文化
责任印制	干燕飞
出版发行	成都时代出版社
电　　话	(028)86618667(编辑部)　(028)86615250(发行部)
网　　址	www.chengdusd.com
印　　刷	四川五洲彩印有限责任公司
规　　格	165 mm×230 mm
印　　张	14.25
字　　数	195 千字
版　　次	2016 年 6 月第 1 版
印　　次	2016 年 6 月第 1 次印刷
印　　数	5000 册
书　　号	ISBN 978-7-5464-1663-2
定　　价	25.00 元

前　言

　　下围棋是很好的智力运动，同时也是极好的修身养性项目，人们可以从中感受到精深的奥妙和无穷的魅力。

　　在日本，围棋作为"艺"和"道"受到崇拜；在中国，围棋被政府确定为国家的体育项目，从国家层面对其地位进行了规定；在崇尚公平正义和重视科学的欧州，现在也掀起一股围棋热潮，由此充分证明了围棋存在的价值。

　　由于在国际比赛中成绩不错，韩国已将围棋设定为大学的正式专业，围棋的学术价值得到了进一步确认。但在现实生活中，也有一些人的认识还没有与形势的发展同步，有些人认为"围棋过于复杂，让人费精费神，而且过于消耗时间"，我认为这是因为他们还未真正了解围棋真谛的缘故，事实上围棋是地球上人类最简便易学的运动之一。

　　俗话说万事开头难，学习围棋必须从入门开始，因此围棋入门书籍就成为学习围棋的必需品。迄今为止，市场上的围棋入门图书有很多种，部分图书内容不错，系统性也很强，但共同的缺点就是太难，导致很多初学者学棋时信心满满，最后却半途而废。因此，编辑出版一本让初学者简单易学、轻松快乐的围棋入门图书是大家的迫切期望。

"简单易学、轻松快乐"，是本人在构思这本入门图书时的着眼点，并且尽可能地让内容系统化，另外还要让大家体验到围棋对局之外的精神价值。

当然，仅凭读一本书想完全理解围棋的本质，这是不可能的，但是让大家对围棋更有兴趣、更有感情是本人的最大希望。大家在学习本书时，如能同时学习与本书内容密切相关的《行棋要领》，学习的效果将会倍增。

最后对为本书出版工作付出辛勤劳动的各位朋友一并致以诚挚的感谢。

李昌镐

目 录

第1章

围棋是什么?

1. 围棋的概念

　　围棋是执黑白棋子的二人，以争夺实地多少为输赢的运动，实地则是指由自己棋子围成的区域。如图所示，左侧是黑棋的实地，右侧则是白棋的实地。

　　在围地的过程中，为什么会有死棋和活棋呢？这是因为黑白双方为了各自围地，围绕"警界线"的划分必然要产生纷争，从而引发战斗：一方总想尽可能地多围地，另一方总是想方设法进行阻挠。对于已围成的实地，对方总想进行打入和渗透，被打入和渗透的一方当然不会坐视不管，会对其还以猛烈的攻击，在此过程中就会出现死棋和活棋，也由此产生了众多关于围棋的格言和警句，也就有了"棋如人生"的比喻。

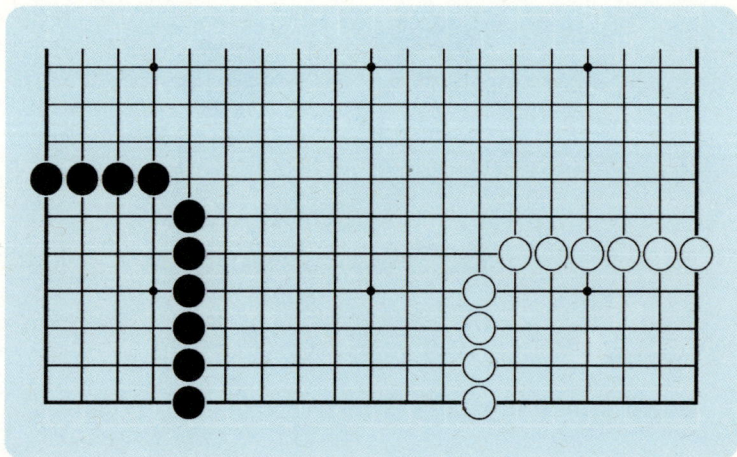

2. 围棋的由来

围棋是如何产生的？

关于围棋的起源有很多种传说，目前比较确定的说法是由中国发明的。

中国的围棋古籍《玄玄棋经》中记载，中国古代的尧帝为了给愚钝的儿子开发智慧，发明了围棋，这是至今为止最有力的证据，由此可见围棋自古以来就具有开发智力和修身养性的作用。

另外一种比较有力的说法是，围棋是中国古代科学家观察、研究宇宙运动的工具，从中也可证明围棋具有出色的科学性。据文献记载，中国古代春秋战国时期，与围棋相关的战术、棋理得到了广泛的应用。中国古籍《三国志》中就有关羽在接受刮骨疗毒时，将下围棋作为麻醉剂的记载。朝鲜《三国遗史》中也有朝鲜三国时代高句丽的道林僧人与开罗王下围棋的故事。在东亚三国中，日本虽然接触围棋最晚，但是因为日本在幕府时期将围棋当作国技，从而使围棋运动得以兴盛，并形成了现代围棋的雏形，这是不争的事实。

3. 下棋的必要设备

　　围棋运动的进行十分简单，只需两个人相对而坐，所占空间也就几个平方米，器具只有棋盘和黑白两色棋子。

围棋棋盘

　　围棋棋盘的材质以木质为多，制作成横竖各 19 条线，共有 361 个交叉点。

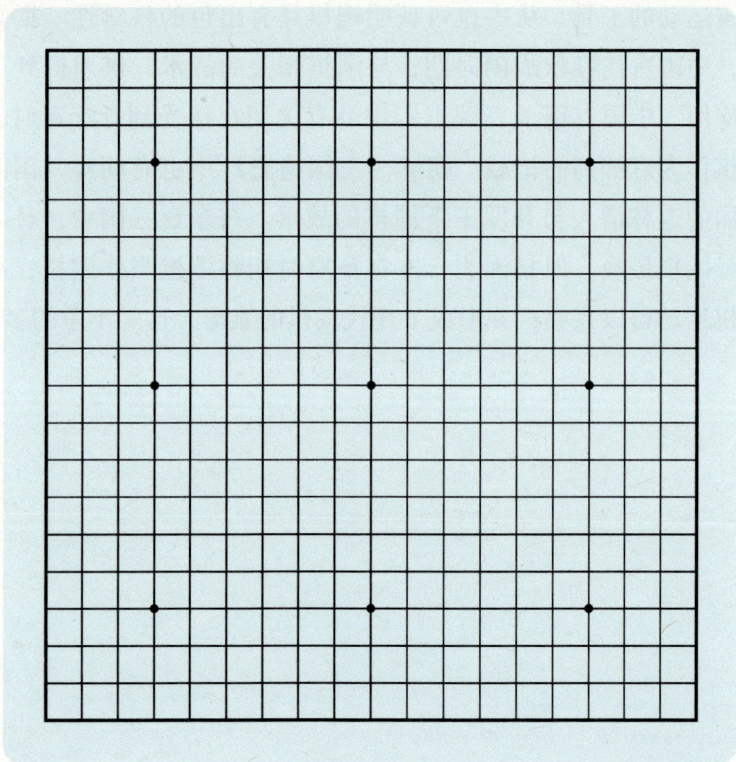

围棋棋盘的名称

　　围棋棋盘的各个部位均有固定的名称，棋盘的四个角部均称为"角"，右上方称为右上角，左下方是左下角。角部是最容易围地的位置，因此初盘阶段的棋一般都下在这里。

　　棋盘最长的部位称为"边"，边是棋盘的重要部分；棋盘中间的位置称为"中腹"，古时候也称"鱼腩"。

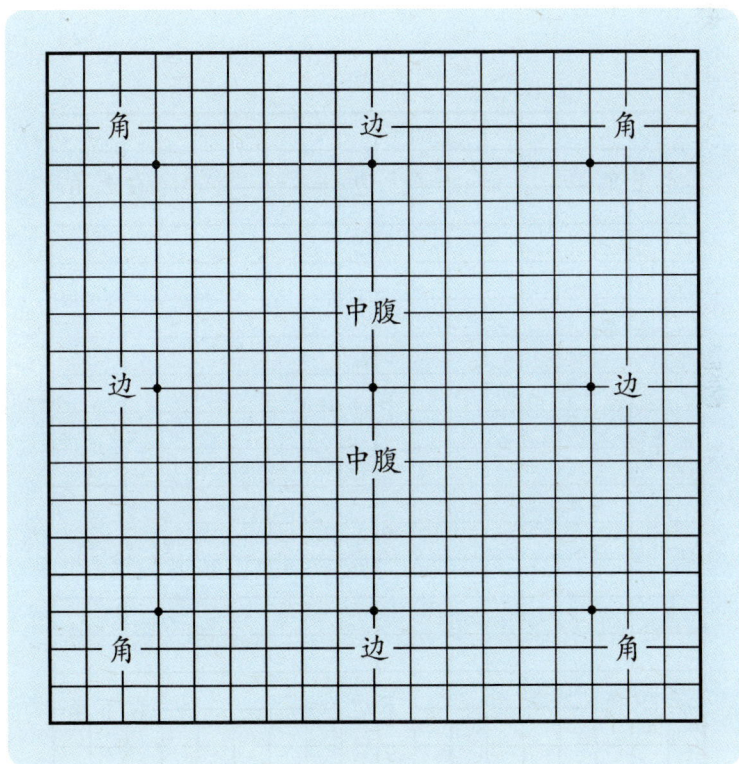

棋盘的各路线及部位名称

围棋棋盘上的各线均有相对应的名称，最靠边的是 1 路，以后依次为 2 路、3 路、4 路……

各部位的名称分别是：右下方称为"右下边"，左侧上方称为"左上边"，等等。此处所称的上下、左右均以持黑子下棋的一方为参照。

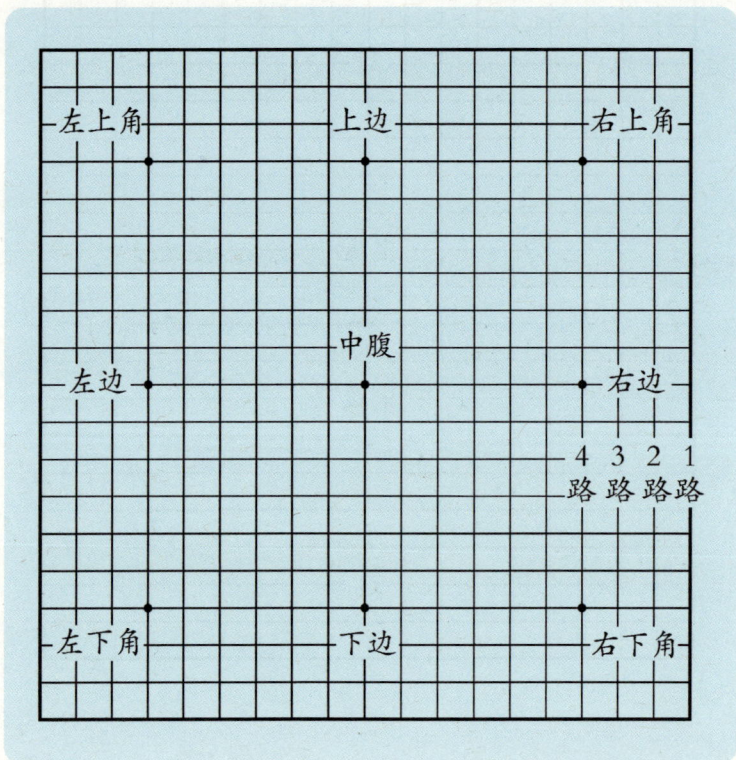

棋　子

　　与竞技运动相比，围棋的棋盘就好比运动场，棋子则是比赛中的球。围棋的棋子分黑子和白子，制作材料一般由玻璃与沙质材料混合制成。

　　棋子的数量为黑子 181 个、白子 180 个，合计 361 个，与棋盘的交叉点相一致，不过一般的围棋对局也就在 250 手左右，因此不到 361 个棋子，也完全可以对局。

　　对局时，一般是上手执白子，下手执黑子。

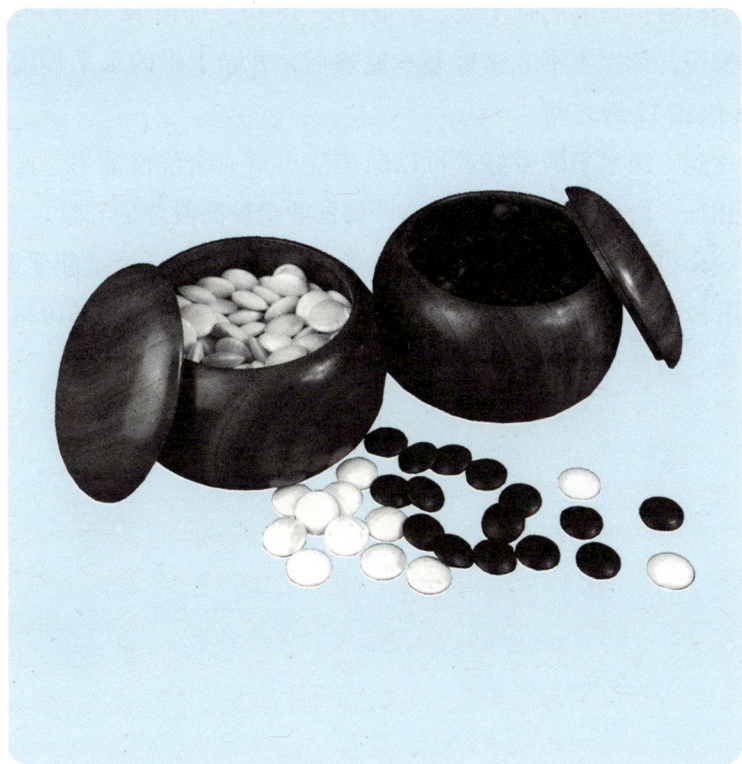

4. 围棋的实力体系

　　围棋的实力体系十分科学严密。普通的竞技或运动一般不会考虑到实力的差别，大家均在同等的条件下进行比赛。由于实力悬殊，会使比赛早早失去悬念，因而失去了运动应有的魅力。譬如在打乒乓球时，可以让实力强的一方先让几分，这样的竞争才会有意思。

　　围棋的职业和业余之间有很严格的区别，业余棋手有级与段的体系，根据双方实力的不同，确定礼让的条件，就像大人与小孩一起赛跑时，调整一下起跑线。

　　围棋级位最高的是 1 级，最低的是 18 级，即由 18 个级别组成。举例来说，读完本书并掌握基本原理后，开始下棋的水平程度大约在 18 级到 12 级之间。

　　达到 1 级水平的爱好者可以向棋院申请业余段位证书。段位与级位相反，段位越高，水平越高，韩国业余最高段位是 7 段。

　　业余棋手每年有两三次的机会通过升段比赛进入专业棋手队伍，每次升段比赛只有 1 名选手可以晋级，前 10 名大部分为韩国棋院的研修生，由此可见要突破业余棋手壁垒，十分不易。

5. 对子棋与让子棋

围棋的对局分两种，双方实力相近、条件相同的对局称为"对子棋"；实力有显著差别，上手让下手先在棋盘上放上若干个棋子时，称为"让子棋"。

对子棋

双方水平相同或仅有一级的差别时，一般正式比赛均采用对子棋的方式进行。实力稍弱的一方执黑子，因为执黑可以先行，先下的一方占据一定的便宜，类似这样的执黑先行称为"定先"；如果双方水平相当，双方轮番先下的方式称为"互先"。

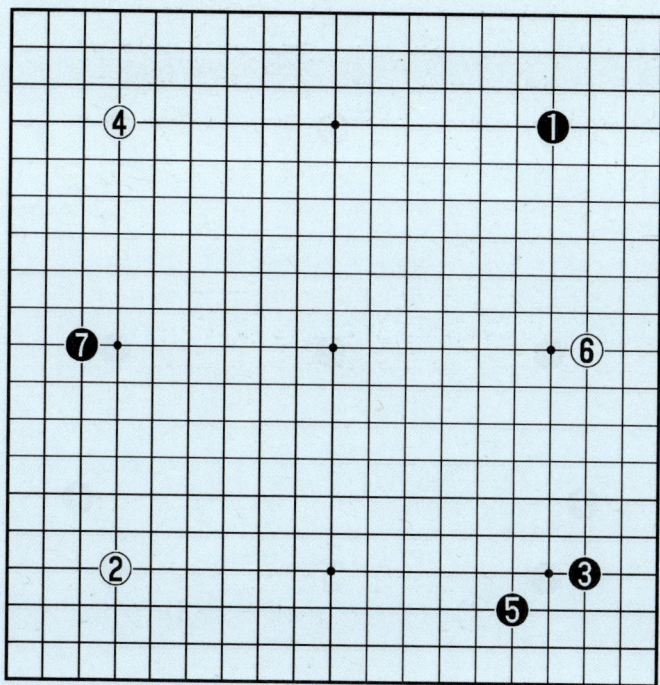

让子棋

如果双方的实力有显著差别，实力弱的一方会事先在棋盘上放上若干个棋子，至于放置多少棋子，应与双方的级差相对应。

例如：3级让6级3子，4级让8级4子。让子在棋盘上放置的位置是先放四个角，然后放边地，最后放中腹。

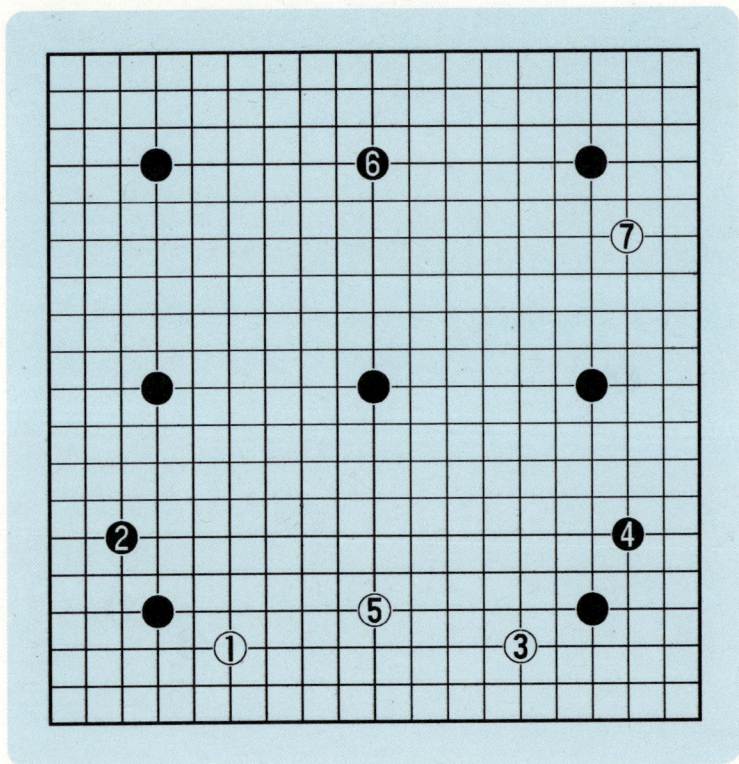

6. 围棋的基本规则

　　任何运动均有自己的规则，围棋也不例外，现对围棋的一些基本规则整理如下：

　　1. 围棋由执黑白棋子的两个人轮流进行，即一方绝对不能一次下两手或两手以上的棋，以绝对确保双方的机会均等，由此可见围棋还是十分民主的运动。

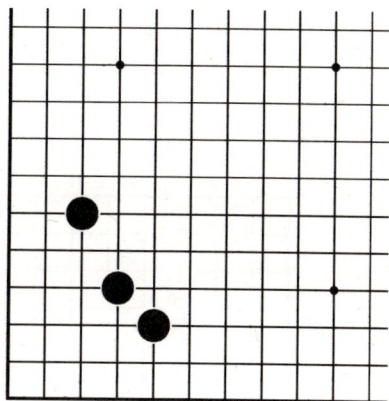

　　2. 棋子放置的位置必须在线与线的交叉点上，不能放在其他位置上。

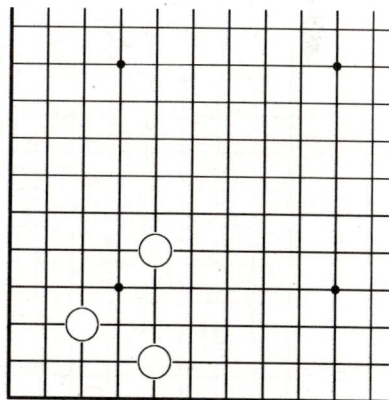

3. 只要在线与线的交叉点上，棋子可以任意放置。

象棋规则有马走日、象走田、士不能出界等对棋子行走范围和距离的限制，而围棋规则没有这类限制。围棋中每一个棋子都很独立，并且平等、自由，可以随意放置，没有限制。

但围棋中有禁入点的规则，即己方棋子已被对方棋子全部封锁，己方棋子不能在已没有气的地方入子（第2章将作详细说明）。

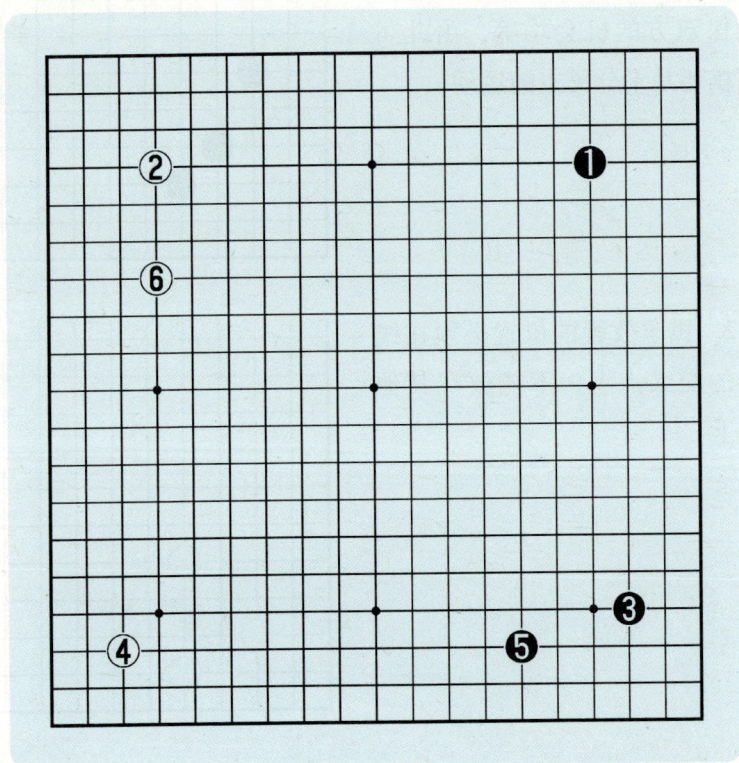

4．落子无悔

指在棋盘上落子后，绝对不能悔棋，这一点必须特别强调，这是围棋的基本规则之一。落子悔棋如果发生在正式比赛中，可以直接判其输棋。

当然在亲朋好友之间下棋时，或许可以不用这么苛刻，但毕竟不是好习惯，不应提倡。

5．围地多的一方获胜

一盘棋下完后，需要对双方所围取的势力范围进行清点确认，以确定获胜的一方，围地多的一方取胜。

6．中途可以弃权

在围棋对局中，如果一方认为落后较多，不可能逆转局势时，可以宣布弃权，不再继续进行对局，这种情况称为"中盘负"。中盘负的使用是对对手的高度尊重，具体表现形式为"投子认输"。

另外还有"提子"、"禁入点"、"同形禁止反复"等规则，由于这些规则与基本技术有关，以后将具体解释。

7. 围棋的基本用语

在学习围棋的基本技术之前，一定要对围棋的基本用语有所了解。

首先围棋是一项运动，围棋最常用的汉字表现形式为"棋"或"碁"，中国和日本都称为"围棋"。所谓的"围"是指围绕、包围，其具体的含义为"围地"。

另外围棋还有很多别称，比如"手谈"，指用手而不是用嘴与别人进行沟通；"乌鹭"，用白色和黑色的鸟来形容黑白棋子；"玄玄"，指围棋玄妙高深。

下棋的行为称为"对局"，此时的"局"还用作下棋的数量单位（比如特选局、最终局、1 局、2 局）。棋盘的表面称为"盘上"，下出的每一手棋称为"着手"或"着法"。

8. 围棋对局的基本姿势和礼节

　　围棋的对局开始于礼节，也结束于礼节，礼节贯穿于围棋对局的全过程。以下为大家讲几个礼节。

　　（1）下棋时，应让年长者坐在上席。

　　（2）坐姿必须端正，在重视围棋礼义的日本，仅学习双膝跪地正坐的礼义就需要几个月的时间。

　　（3）每次只能从棋罐中取一子，并以正确的姿势下在棋盘上，棋子应夹于食指与中指之间（如图）。

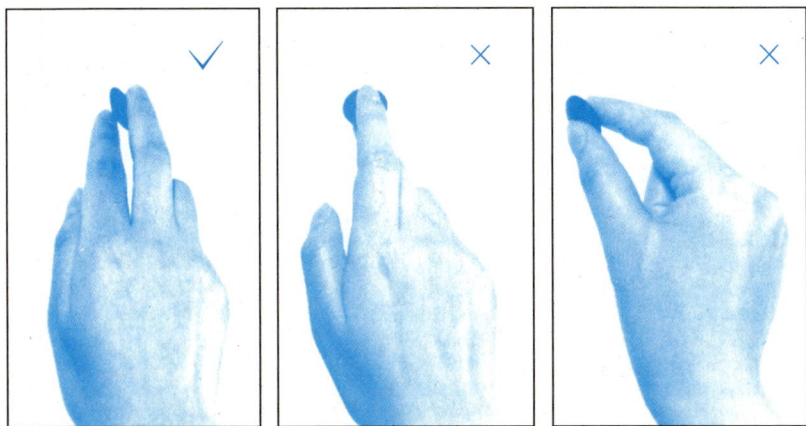

　　（4）应用右手取棋子，虽然有些左撇子对此有异议，但由于围棋十分重视礼义和规则，所以仍然必须服从。

　　（5）将手放在棋罐内搅动弄出哗啦啦的声音或东张西望均是不礼貌的行为。

　　（6）第一手棋应下在右上方。实际上第一手棋下在任何地方都不违反规则，既然任何地方都可以下，又有什么必要下在对方的前方，给人以气势汹汹的感觉？尤其是在对子棋中，黑棋的第一手棋下在右上角是常识。让子棋中，黑棋的第一手棋下在自己的前方是惯例。

（7）对局中忌说无用的话，更不可以大声喧哗。

（8）观战者不要在旁边支招或给其他人当参谋。

（9）对局开始和结束时，双方应相互致意。尤其是对局结束后，应向对方致意并说"你下得很好"或"我学得了很多"。

（10）对局结束后，一定要将棋盘上的棋子全部放入棋罐中，并整理好棋盘。

第2章

围棋有什么技术?

1. 棋子的死与活

气与提子

棋子的死活是围棋的基础知识，那么棋子的死活到底是怎么一回事呢？

图 1 气

现在棋盘中央有一棋子，箭头所示，黑棋有四条出路，这即是围棋的"气"，如果棋子的出路全部被封堵，这个棋子就无法自由运动，就像人不能自由呼吸一样，就是死棋。

棋子的出路不仅具有生命力，而且还具有发展潜力。

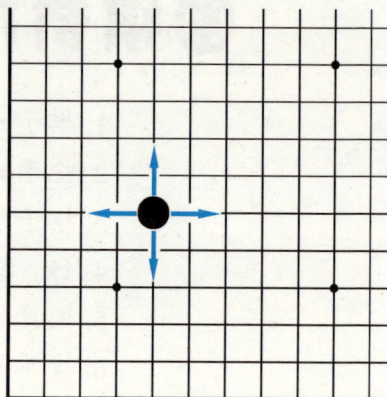

图1

图 2 死棋

图中黑子的情况如何？由于四条出路全部被白棋封锁，黑棋一子是死棋。

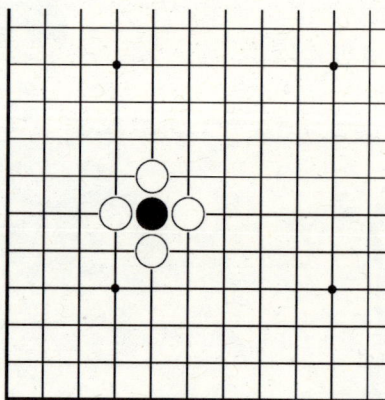

图2

图 3　提子

本图是将图 2 中黑棋死子提掉后的棋形。

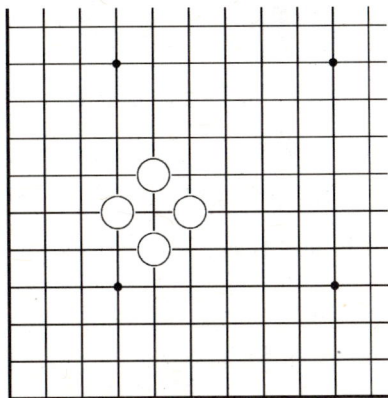

图 3

图 4　气的情况

图中黑棋的两条出路已被白棋封锁，但仍有两条出路，黑棋仍是活棋。

那么是不是所有的棋子都有四条出路，也就是有四口气呢？回答是不一定。

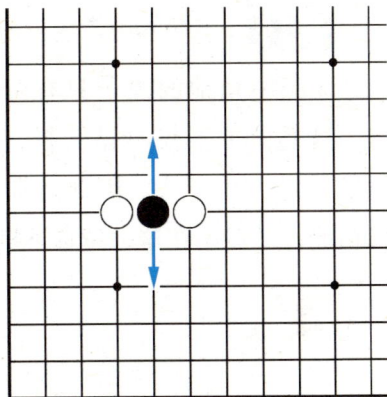

图 4

围棋知识小贴士

气：1. 棋子存活的条件。

　　2. 大龙可以活棋的通路。

图 5 边地三口气

边上一路的黑子只有三条出路，也就是三口气，由于气与棋子的发展潜力相关，处于一路的棋子当然不利。

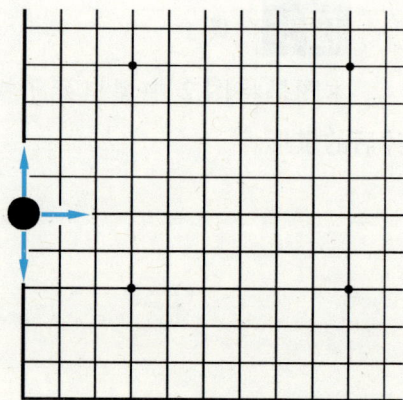

图 5

图 6 角地两口气

本图中角地的黑子只有两口气，这类棋子不仅不易活棋，而且发展潜力也不大，因此若非特殊情况，一般不在这一位置下棋。

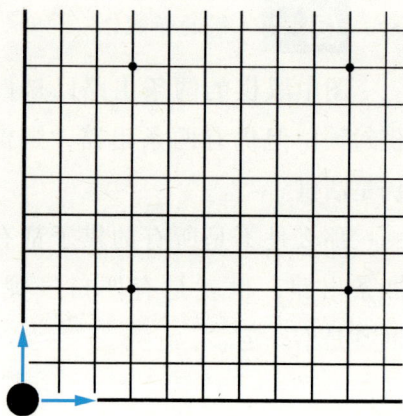

图 6

围棋知识小贴士

提子：棋子如果被对方棋子全部封锁，棋子处于无气状态，棋子被提掉的情况。

打吃与逃跑

打吃与逃跑像一对孪生兄弟，几乎如影随形。那么如何才是正确的打吃呢？只有掌握打吃后，才能正确理解征子、关门和倒扑的技术。

图 7 只有一口气

本图中的黑子情况如何？图中的黑子已有三口气被封，目前只有一口气，处于被打吃的状态。

如果将图中的黑子去掉，白棋的形状是"虎"。

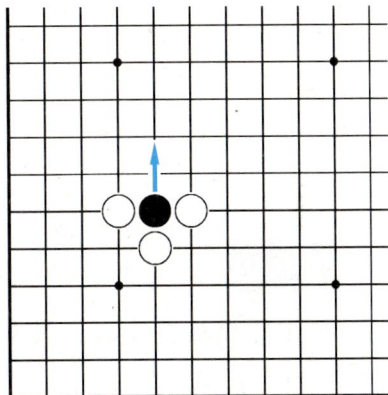

图 7

图 8 黑棋长气

处于打吃状态时，哪一方先下，十分重要。图中黑棋如果先下，黑 1 长后，黑棋可以成功逃跑。白棋如果要继续追击，由于黑棋有多条出路，白棋十分困难。

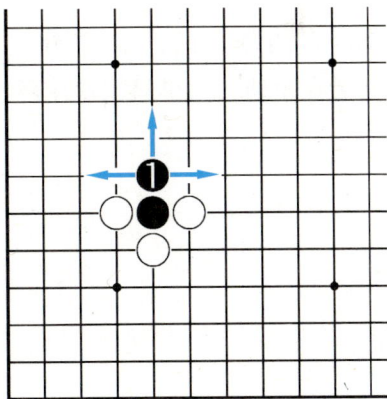

图 8

21

图 9 白棋提子

白棋如果先下，白 1 可以提子，从而变成图 3 的棋形。

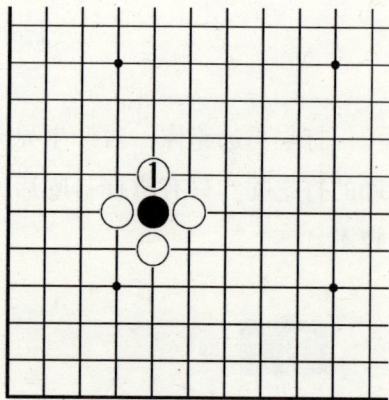

图 9

图 10 着法错误

图中黑棋被打吃时，黑 1 逃跑是着法错误，白 2 可以直接提子。

白棋要想完全封锁黑棋一子，如果在中腹，白棋需动用四子；如果在边地，白棋需动用三子；如果在角地，白棋只需动用两子。

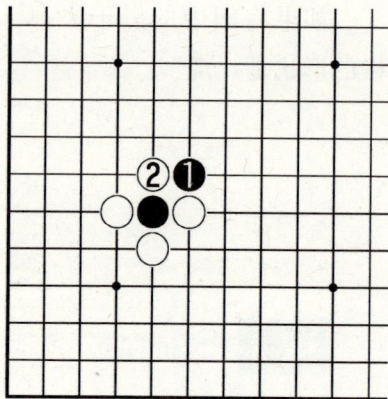

图 10

图 11　白棋错误

本图中的白棋从四个方向封锁黑棋，由于对方仍有气，黑棋并未死。但是黑棋已被白棋封锁，如无外子救援，必死无疑。

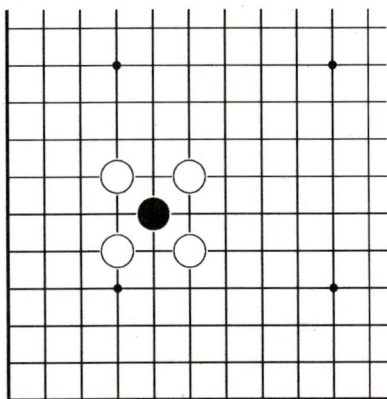

图 11

图 12　可提多子

图中所示是白棋提吃黑棋多子的情况，白△如果下在 a 位，是错误的下法。不论黑棋棋子多少，只要被白棋完全封锁，就不能活棋。

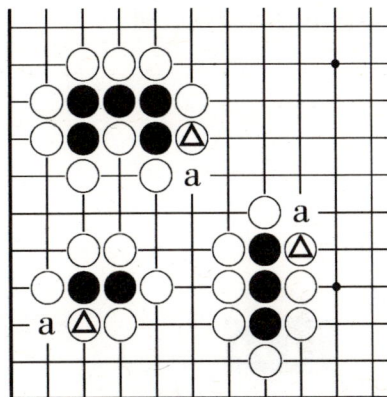

图 12

围棋知识小贴士

互先：在对子棋中，双方实力同等时，由黑白双方轮流先下的方式。

运　子

　　围棋的棋子虽然不能像象棋一样可以移动，但别的棋子可以在其周围下子，从而使棋局得以继续，这就是运子。

图 13 运子

　　图中黑△虽然不能移至 a 位，但黑 1 进行后，黑棋的整个棋子是运动的，不过由于有白△阻挡，黑棋不能向右侧运动。

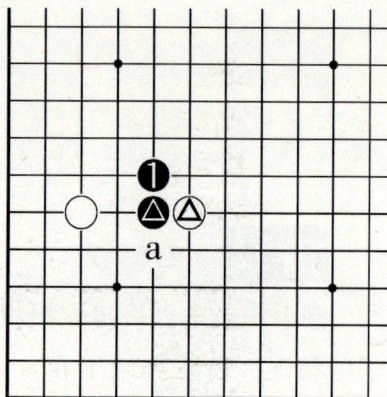

图 13

图 14 错误下法

　　图中黑棋处于被打吃的情况，黑 1 必须逃跑，否则会被白棋提子，黑棋的下法即是运子。

　　右下方黑 1 的运子是错误下法，黑棋没有摆脱被提子的命运。

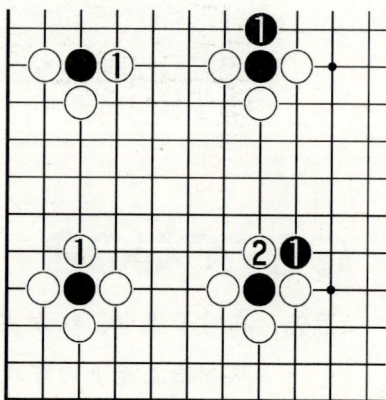

图 14

图 15　运子的效率

运子有多种方法，A 图中的黑 1 行动比较迟缓，而 B 图中的黑 1 行动相对就比较轻快。

正因为如此，A 图中的黑棋的运子效率不高，而 B 图中的黑棋运子效率就很高，围棋中棋子的效率十分重要。

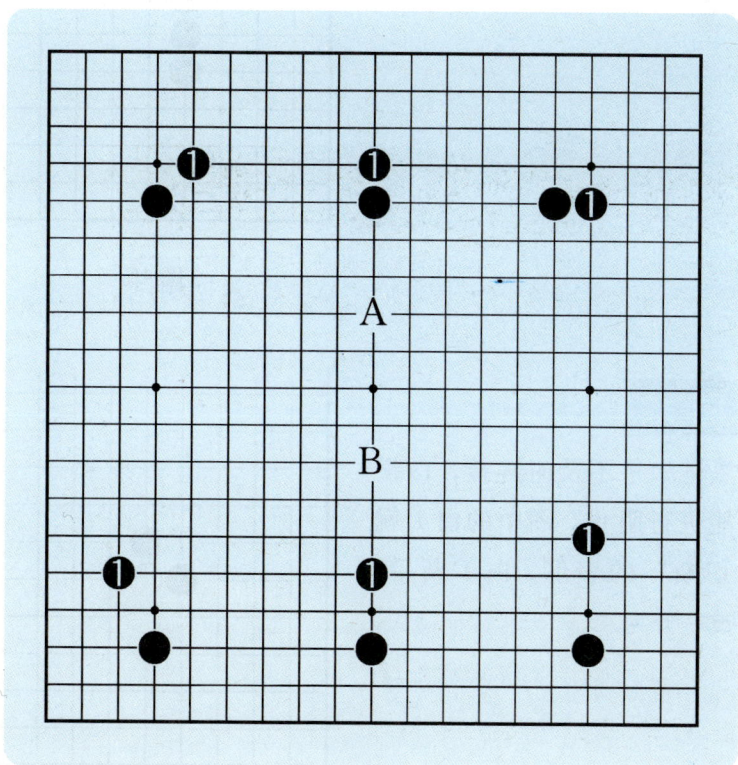

图 15

连接与切断

隧道也好，桥梁也罢，只有连接起来才能发挥作用。围棋也一样，棋子只有有效地联络起来，生命力才能倍增，潜力才能得到更好的发展。

图 16 坚实的形状

黑1进行后，黑棋三子关系十分紧密，这就是棋子的"联络"。

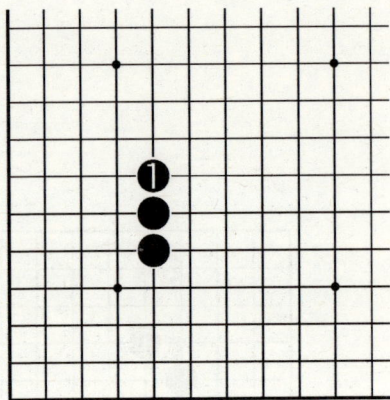

图 16

图 17 被切断的形状

黑棋如果不及时连接，白棋就可能进行阻止，图中的白1就是"切断"的表现。白1断后，黑棋被一分为二。

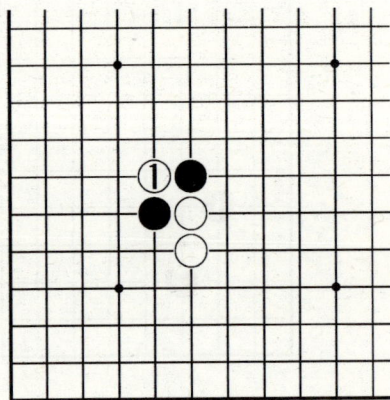

图 17

图 18　不完整的联络

图中的黑棋没有实现联络，但又与图 17 不同，没有被白棋切断，此时白棋能否切断黑棋?

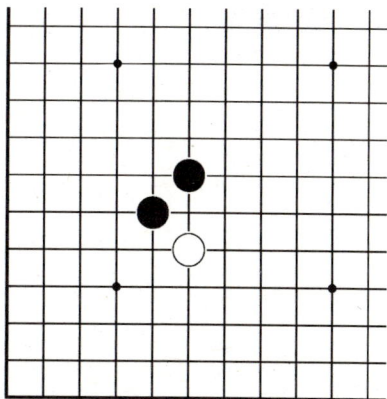

图 18

图 19　见合

白 1 如果切断，黑 2 可以联络。白棋如果先下在 2 位，黑棋下在 1 位同样可以联络。所以本图白棋不能切断黑棋。

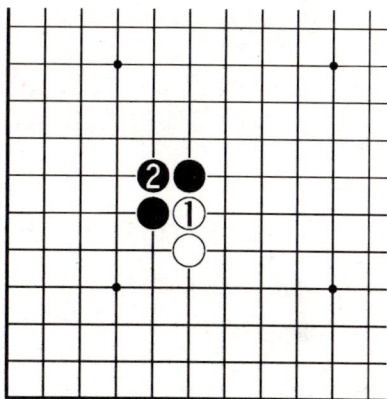

图 19

围棋知识小贴士

切断：是指直接破坏对方棋子联络的着法。

缩角：1. 是指在已占角的状态下，为了将角地转化成实地，在角的周边再下一手棋的着法。2. 是指角势转化为实地的过程。

27

图 *20* 联络的重要性

在周边对方棋子较多时，棋子的联络更加重要。黑1如果下在a位，白棋可在1位切断，由于周边白棋较强，黑棋很可能被吃或受到伤害。

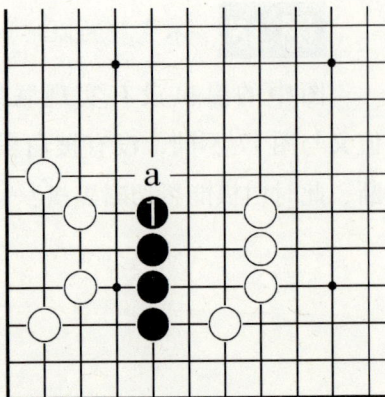

图20

图 *21* 相互纠缠

在初步学习了连接与切断的基本知识后，面临图中的棋形应如何选择？

图中黑棋与白棋相互纠缠，狭路相逢，现在黑棋如果先下，黑棋应如何选择？

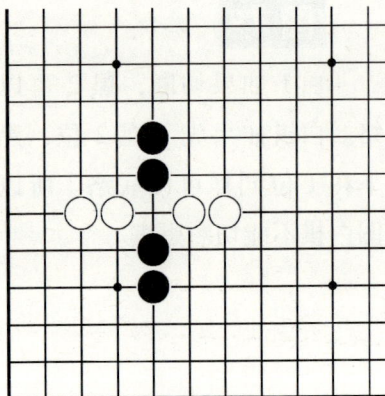

图21

围棋知识小贴士

连接：是指将可能被对方切断的棋子连成不可分割的状态。

图 22　联络与切断

本图的问题十分简单，只要对前面的知识有一定了解，就不难解决此题。

黑棋如果先下，黑 1 连接后，黑棋十分坚实，白棋被一分为二。

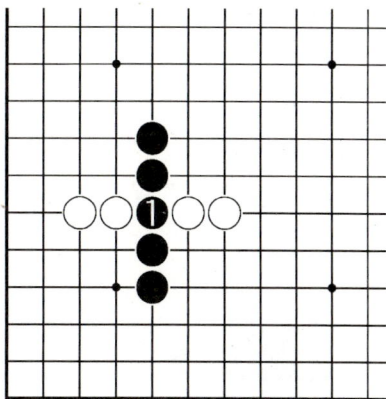

图 22

图 23　拦腰切断

白棋如果先下，白 1 连接后，白棋十分坚实，而黑棋被拦腰切断。

从图中可见，连接的一方十分坚实，也比较安全，而被切断的一方则形势危急。

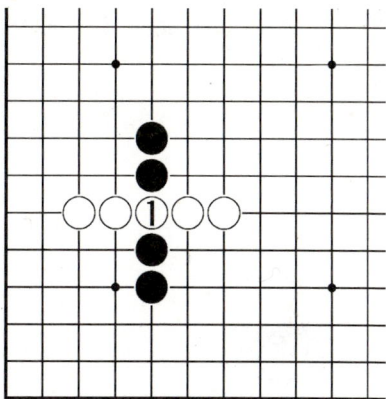

图 23

围棋知识小贴士

定先：是指在对子棋中，双方的实力略有差距时，下手执黑棋先行的方式。

禁入点

围棋棋盘上的361个交叉点理论上均可落子，但有一种情况不能入子，这就是"禁入点"。

图 24 不能入子

图中 a 位看起来像是黑棋被提掉的棋形，此时黑棋不能在 a 位入子，即使白棋没有在 a 位提黑子，黑棋也不能入子，原因如下图。

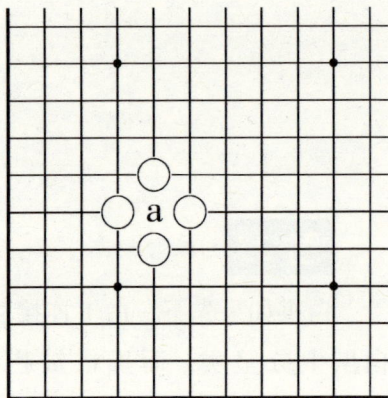

图 24

图 25 入子即死

图 24 中 a 位为什么黑棋不能入子呢？这是因为黑 1 入子后，由于四周的气全部被紧，是死棋，应立即提掉，因此不能入子。所以说没有气不能入子的位置即是"禁入点"。

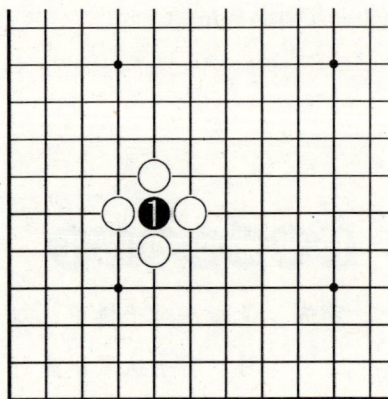

图 25

图 26　对方可以入子

白棋入子，情况会如何？回答是白棋可以入子。因为白棋周边有出路，所以白 1 可以入子，除特殊情况下，白棋一般不会这样下。

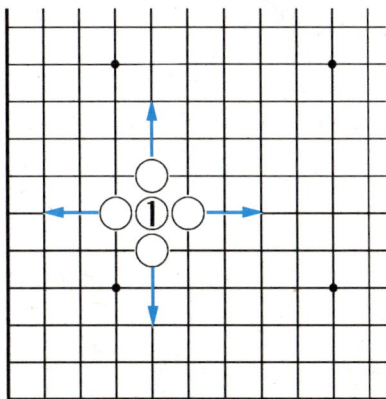

图 26

图 27　不能入子的情况

本图中的白棋不能入子，这是因为白棋的周边出路已全部被封锁，白棋如果在 a 位下子，白棋整体是死棋，所以白棋不能入子。

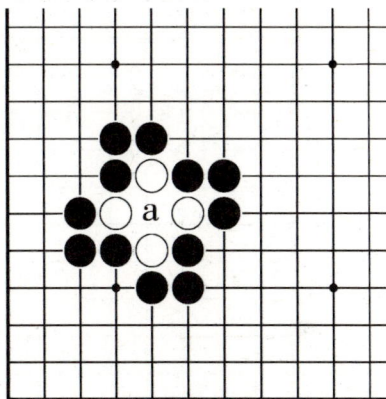

图 27

围棋知识小贴士

模样：围棋术语，指尚未确定地域时棋子所构成的阵势。

图 *28* 容易混淆的情况

以下 A、B、C 图中，哪一图中的 a 位是黑棋的禁入点？

A 图中的 a 位，由于仍有 b 位的出路，因此黑棋可在 a 位入子，但由于外围已被完全封锁，黑棋没有必要下在此处。

B 图中黑棋在 a 位不能入子。

C 图中黑棋也不能在 a 位入子。

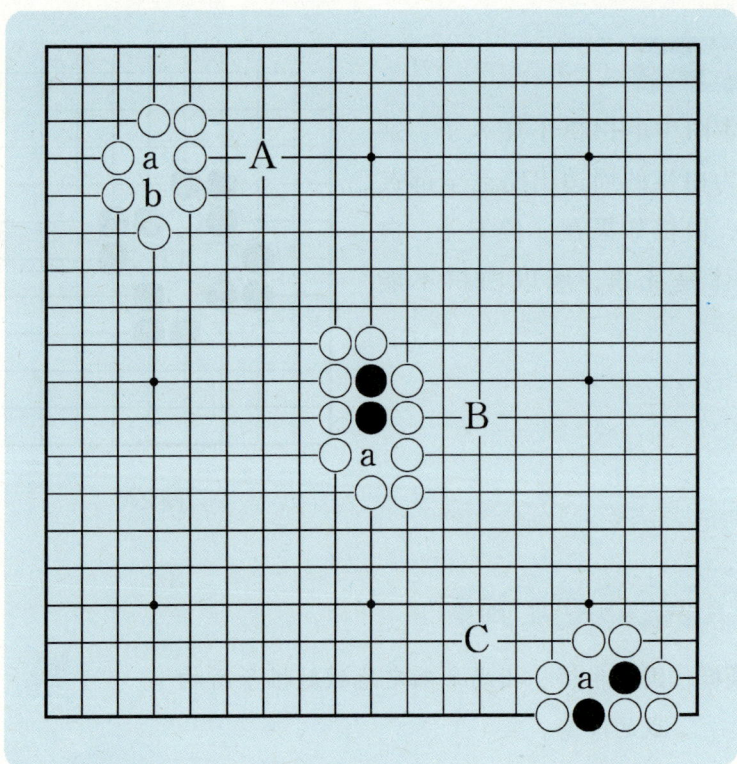

图28

禁入点的解除

禁入点并不是一成不变，有的时候不能下，但有的时候却可下，请看下图分析。

图 29　禁入点解除

本图与图 27 相类似，白棋提掉黑子后，白棋的外围又被黑棋包围，此时 a 位是禁入点，白棋不能在 a 位入子，但黑棋可在 a 位入子，因为黑棋下在 a 位后，可以全部提掉白棋。

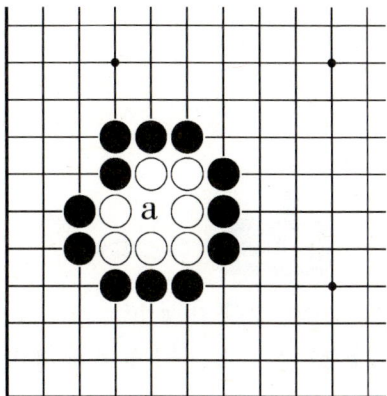

图 29

图 30　提子后的棋形

本图是图 29 黑棋提掉白子后的棋形。黑棋提子后，禁入点就不再存在，这就是禁入点的解除。

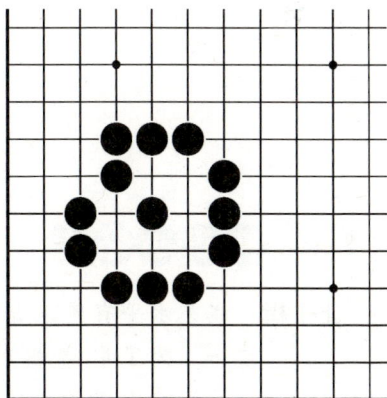

图 30

图 31　禁入点的解除

图中 a 位原则上是黑棋的禁入点，但黑 a 下子后，可以提掉白△两子，黑棋从而可以解除禁入点。

禁入点得以解除，是因为下子后可以提掉对方的棋子。

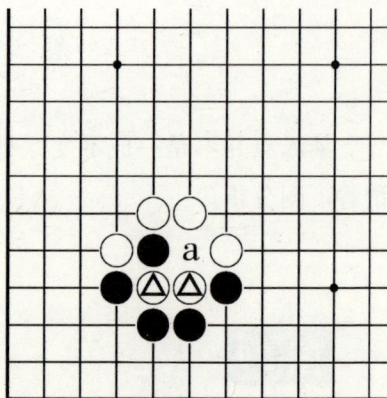

图 31

图 32　其他案例

图中黑棋在 a 位下子后，黑棋解除禁入点，因为黑棋可以提掉白△三子。

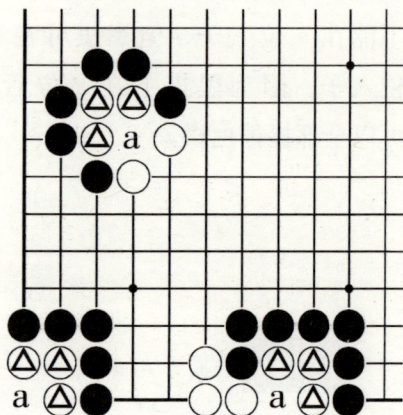

图 32

围棋知识小贴士

让子棋：棋艺水平有差距者采用的对局方式之一。为了取得相对平衡，下手（黑方）先在棋盘的指定位置上放置若干个棋子，然后白方再下子。

两眼活棋

前面所学的知识是关于单个棋子的情况，现在学习棋子的死活知识。

首先学习如何两眼活棋，与前面学习的禁入点关系十分密切。

图 33　两个禁入点即可活棋

A 图中的 a 位看似是黑棋的禁入点，但黑 a 进行后，黑棋可以全部提掉白棋，从而解除禁入点，因此白棋全部是死棋。

B 图的情况又会如何？a 和 b 位都是黑棋的禁入点，黑棋不论是下在 a 位，还是下在 b 位，都不能提掉白棋，也就是说如果白棋同时具有两个禁入点，黑棋就无法吃掉白棋，白棋自然就是活棋。

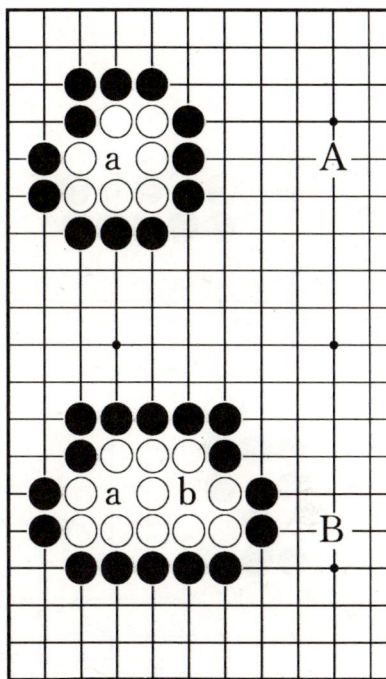

图 33

35

图 34　独立的两个禁入点

　　A 图中的黑棋虽然全部被白棋包围，但均有 a 和 b 位两个禁入点，因此黑棋是活棋。

　　B 图中的黑棋还没有完全活棋，因为黑棋必须在 c 位补一手棋，才能具有两个独立的禁入点。

　　当大块棋子被对方包围时，要想活棋，必须具备两个独立的禁入点，禁入点就是眼位，以后计算围成的地域时，可算成目。

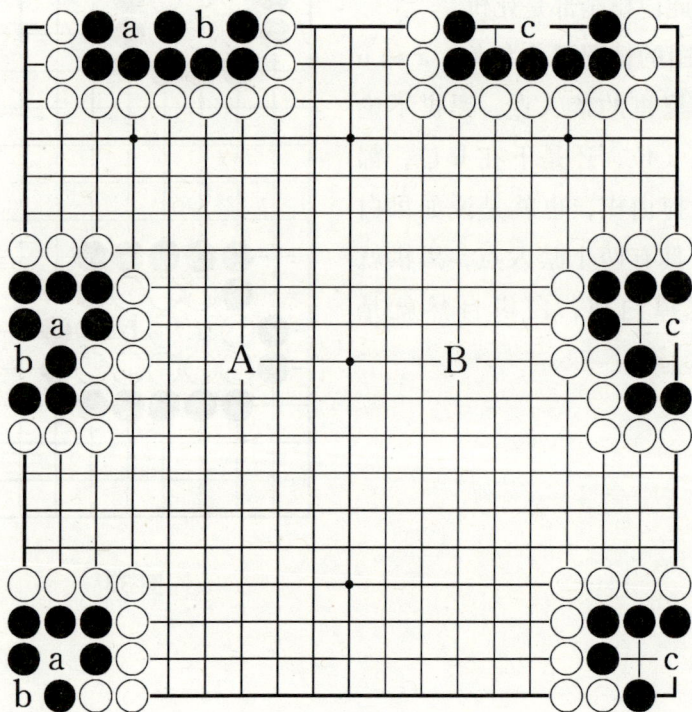

图 34

图 35　不能活棋

关于两眼活棋的概念，现在再次温习一下。

图中黑棋已被白棋完全包围，黑棋有 a 和 b 位两个点，此时黑棋是不是已经活棋了呢？回答是黑棋死棋。

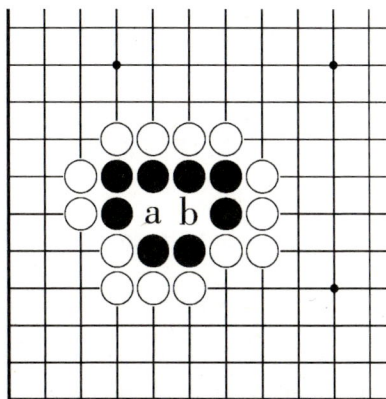

图 35

图 36　只有一眼

图 35 中 a 位不是禁入点，白 1 可以下子，并形成打吃黑棋的棋形。黑 2 提子后，黑棋只有一个禁入点，也就是只有一个眼。

白 1 也可下在 2 位，黑棋在 1 位提子后，黑棋同样只有一个禁入点，黑棋不活。

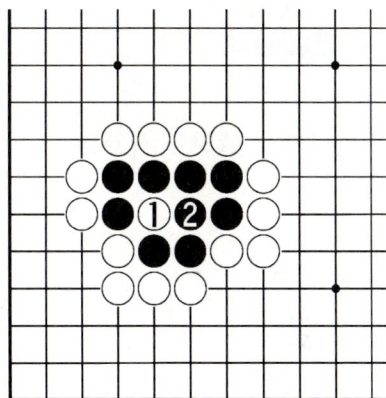

图 36

围棋知识小贴士

局后感想：指对局结束后，两位对局者交流对局感受。

37

图 37　后续进行

续图 36，白 1 可以提掉黑棋全部棋子，因此类似图 35 的棋形，黑棋不活。

为什么黑棋有两个点，却不能活棋？这是因为黑棋的两个点不是真正的两个禁入点，也就是说不是两个独立的眼，黑棋要想活棋，必须具备两个独立的眼。

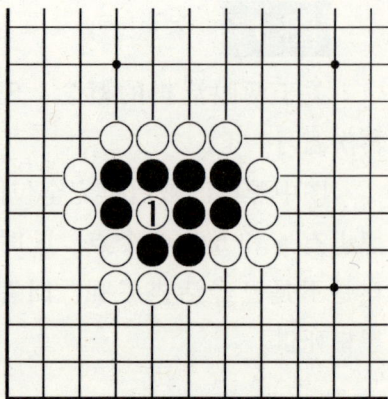

图 37

图 38　直三的情况？

本图中的黑棋有三个点，能不能活棋？请见下图分析。

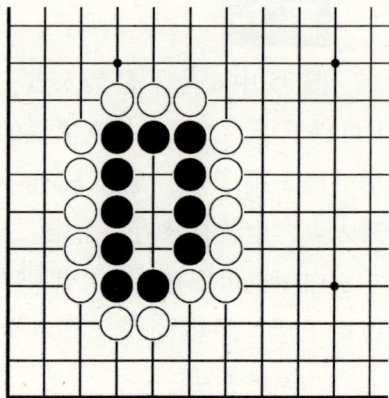

图 38

围棋知识小贴士

眼：由几个棋子围成一个或两个交叉点，该点称为眼。眼是棋子生存在棋盘上的根据，一块棋有两个眼，就可生存在棋盘上。

图 39 活棋

图 38 中黑棋能否活棋，决定于谁先下。黑棋如果先下，黑 1 进行后，黑棋可在 a 和 b 位具有两个独立的眼，是活棋。

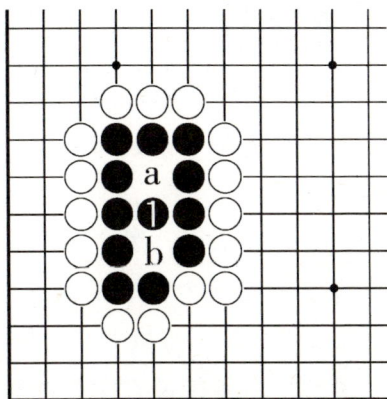

图 39

图 40 死棋

白棋如果先下，白 1 点后，黑棋就不具备两个独立的眼，当然是死棋。以后白棋可在 a 或 b 位紧黑棋的气，黑棋不活。

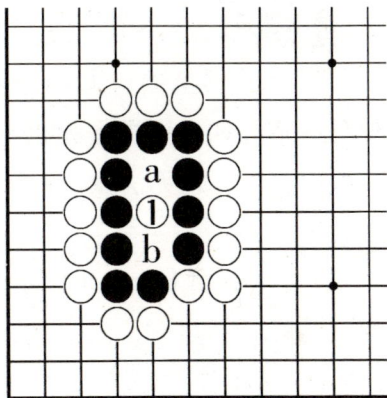

图 40

围棋知识小贴士

点：是指阻止对方做眼，不让对方活棋的下法。

图 41　直四的情况

图中黑棋的眼形是一字排开的四个点的形状，此时黑棋可以净活。

白 1 如果点，黑 2 应后，黑棋可以确保两个独立的眼。白 1 如果下在 2 位，黑棋下在 1 位后，结果一样。所以说直四是活棋的棋形。

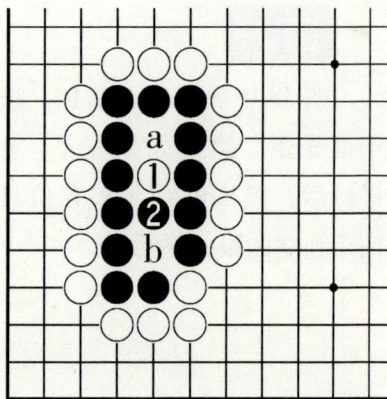

图 41

图 42　方四的情况

图中黑棋虽然也有四个点，但眼形是方四，黑棋是死棋。黑棋即使先下，也无法做出两个独立的眼。

黑 a 时，白 b 点，黑棋不活。相反，黑 b 补棋时，白 a 点，黑棋同样不活。

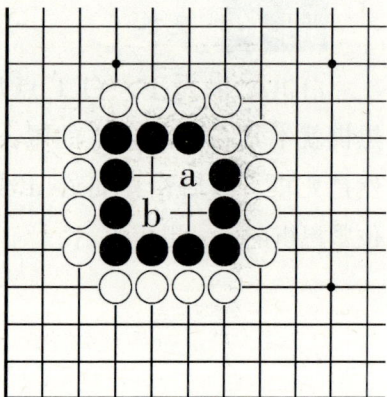

图 42

围棋知识小贴士

直三：指一块棋被包围，其眼位是直线形状的三个交叉点，称为直三，死活取决于谁先下。

图 43　四个眼位的棋形

图中共有 5 种棋形，均是有四个眼位的棋形，大家认真分析一下，各有什么不同。

上半部 A 图中黑棋的三个棋形均是活棋，即使白 a 点或白 b 点，黑棋在相应位置防守后，即可活棋。

下半部 B 图中黑棋的两个棋形均是死棋，右下图中白棋在 c 位点，黑棋是死棋。

通过对上述棋形的分析可以发现，虽然棋形的差别细小，但却影响到棋的死活。

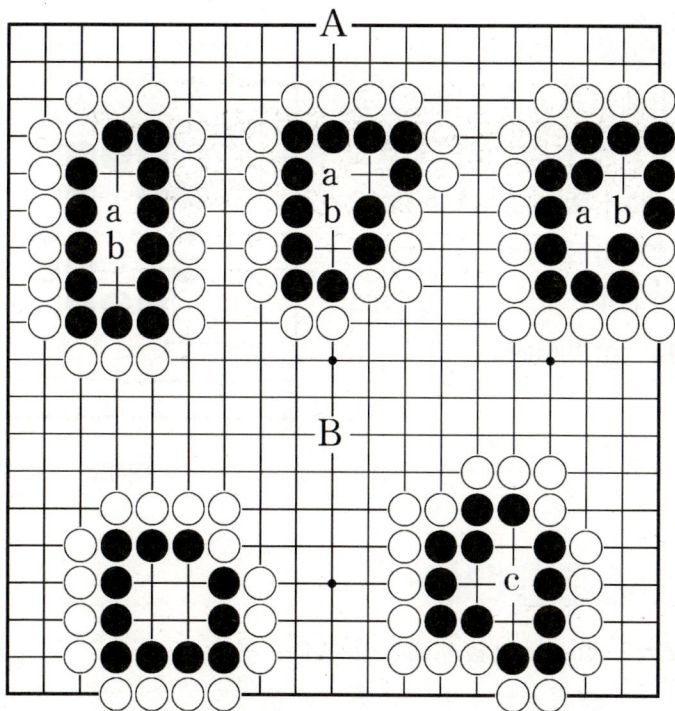

图 43

图 44 梅花五

图中的黑棋有五个眼位，称为"梅花五"，是典型的死棋，白 a 点是急所。

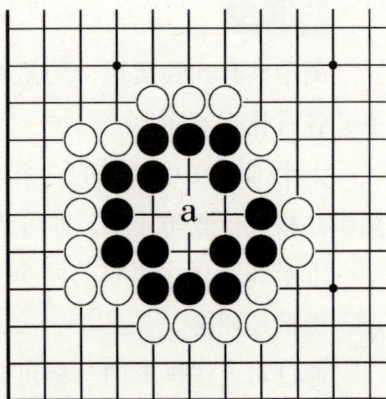

图 44

图 45 花聚六

图中的黑棋有六个眼位，黑棋眼位虽然很丰富，但白 a 点是急所，黑棋不活。以后黑 b 防守，白 c 继续攻击后，黑棋无法活棋。黑棋如果下在 c 位防守，白棋在 b 位攻击后，结果相同。

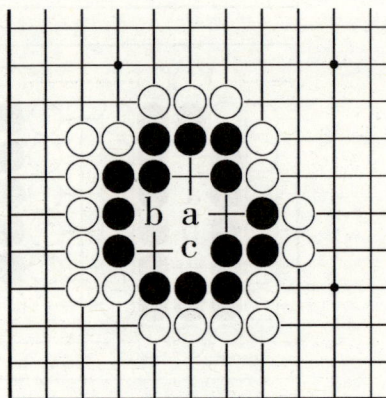

图 45

围棋知识小贴士

花聚六：指一块棋被包围，其眼位是花朵形状的六个交叉点，称为"花聚六"。

图 46　最经济的活棋

　　图中黑棋均是活棋。A 图中黑棋在 a 和 b 位中必据其一，所以黑棋现在不补棋，也可活棋。B 图中黑棋刚刚有两个眼，也是活棋。C 图同样是黑棋有两个眼，活棋。

　　三图中黑棋都已活棋，而 A、C 图中黑棋只用了六个棋子就能活棋，这是最经济的活棋。

　　角地虽然在发展潜力上受到限制，但在围地和活棋方面却十分方便、高效。另外黑棋要想活棋，必须要有两个独立的眼，眼与眼之间的距离对活棋没有任何影响。

　　围棋中眼形对于棋子的死活十分重要，比如斗笠四、方四、花五、梅花六均不是好形，是典型的死棋；而类似直四的眼形却是好形，是活棋。

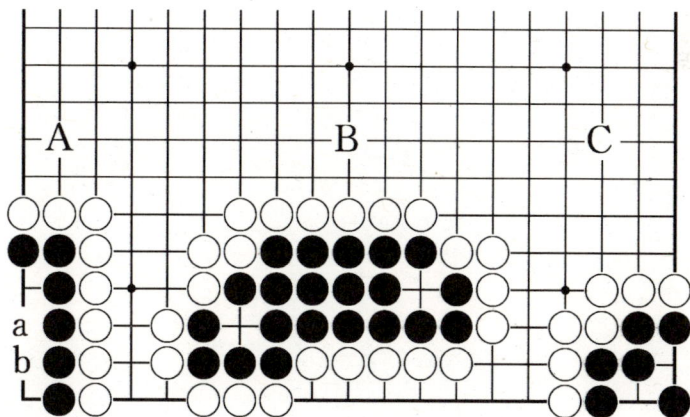

图 46

另外，所围的眼形是不是越大越容易活棋？花五、梅花六等眼形虽然很大，但不是无条件活棋，而图46的A图中，眼位虽少，但眼形很好，可以无条件活棋。由此可见，效率是围棋中十分重要的环节。

现在将关于棋子死活的知识整理如下：

1. 围棋中有禁入点，如果在此下棋后，能将对方的棋子提掉，则禁入点可以解除。

2. 棋子要想活棋，必须要有两个禁入点。

3. 两个眼一定要独立。

4. 要想具有两个独立的眼，最少要有三个以上的眼位，眼位越多，对活棋越有利。

以上要领大家一定要牢记，这样以后才能少吃亏。

假　眼

日常生活中，很多东西均存在似是而非的现象，围棋的死活同样如此，而左右围棋死活的眼很容易让人产生错觉。

图 47　一子之差

A 图中黑棋 a 和 b 位各有一个独立的眼，是活棋。

B 图虽然与 A 图相似，但黑 ⬤ 换成了白 △，情况发生了变化，正是这一小小的改变，死活的情况发生了根本的改变。由于图中的白 △，黑棋一子处于被打吃的地位，因此 b 位不是禁入点。黑棋如果在 b 位连接，黑棋只有 a 位一个禁入点，所以黑棋不能活棋，黑棋 b 位是假眼。

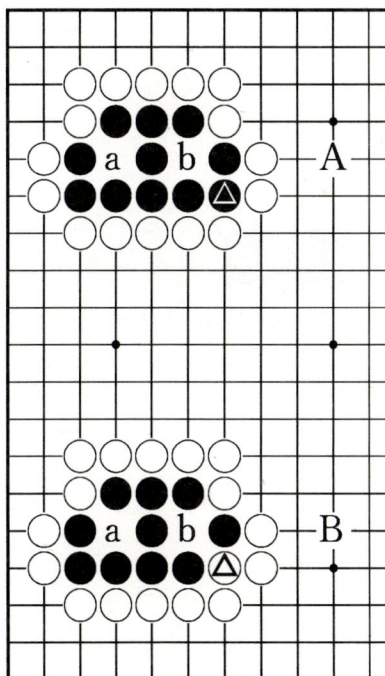

图 47

图 48　假眼

A 图中的 a 位是眼，而 B 图中的 b 位虽然也是眼，但黑△换成了白△，黑棋一子被打吃，b 位无法成为眼，黑棋必须连接，因此 b 位是假眼。

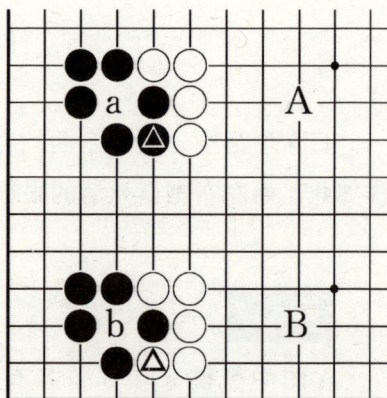

图 48

图 49　眼和假眼

图中黑棋能够活棋吗？

现在 a 位已是一个独立的眼，b 位的情况如何？现在分析一下。

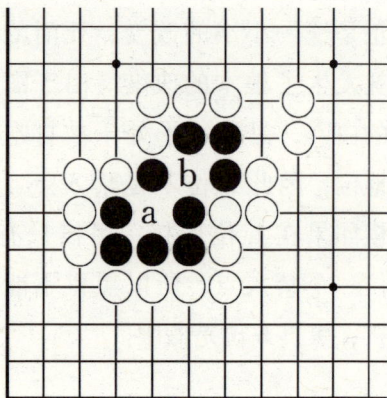

图 49

围棋知识小贴士

假眼：是指形状是眼，但在一定条件下会被对方提掉一部分，故实际是虚假的，不是真正的眼。

图 50　假眼

白 1 进行后，由于白△的关系，黑棋三子处于被打吃的地位，白棋可在 b 位提子，黑棋必须连接，从而导致黑棋 a 位的禁入点可以解除。

由于 b 位是假眼，黑棋整体不能活棋。

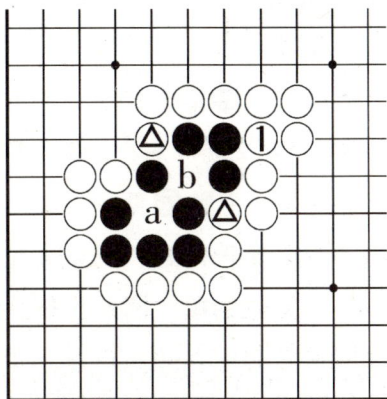

图 50

图 51　保护网的重要性

由于有黑△的保护，黑棋可以拥有一个独立的眼。如果想在 e 位成眼，必须在 a、b、c、d 四个位置中占有三个，如果只占有两个，只能是假眼。

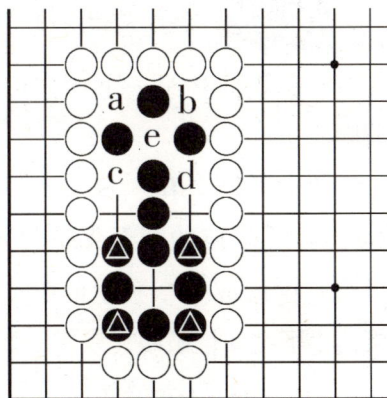

图 51

围棋知识小贴士

眼位：是指为活棋所围成的眼，只有三个或三个以上的眼位才有可能做出两眼活棋。

图 52　三个保护位置

本图黑⬤如果已下，此时白1破眼，黑2防守后，黑棋可以活棋。这是因为黑⬤两子与黑2占据了三个保护位置，黑棋 a 位形成一个完整的眼。因此黑棋要想完成独立的眼，必须占有三个保护位置，占有两个不能成立。

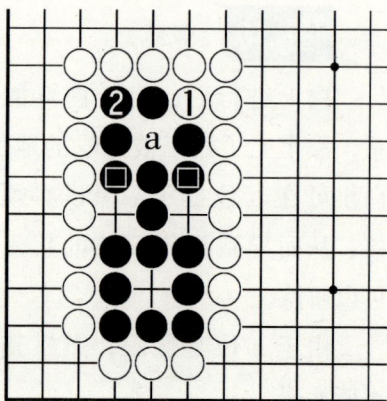

图 52

图 53　假眼的避免

现在我们学习一下如何避免假眼。

图中黑棋下在 a 位后，与黑⬤占有了眼位的三个保护位置，黑棋 b 位形成一个独立的眼；如果白棋下在 a 位破眼，黑棋不活。

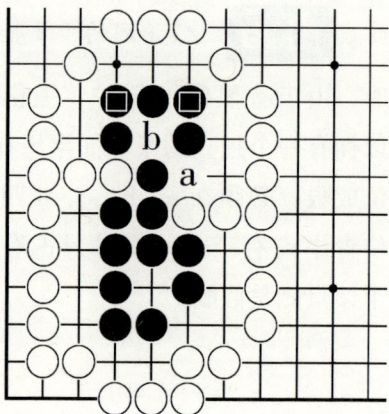

图 53

围棋知识小贴士

破眼： 为了吃对方的棋子，不让对方的棋做出两个眼活棋的行为称为破眼。

图 54 破眼

图中黑棋要想吃白棋，必须破白棋的眼，现在黑⬛两子是十分重要的条件。

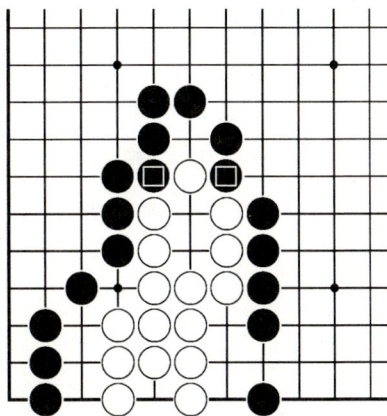

图 54

图 55 帮对方下棋

黑 1 打吃是错误的下法，白 2 顺势连接后，白棋可以净活。黑棋是在帮对方下棋，黑棋应重新学习有关假眼的知识。

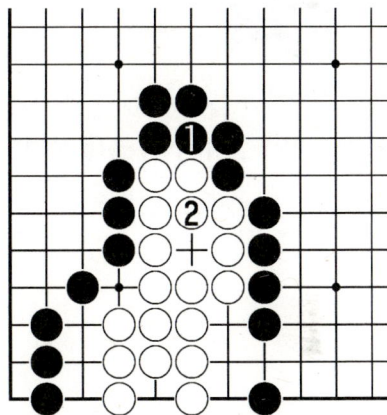

图 55

围棋知识小贴士

侵消：在对方势力的范围内下子，以期达到削减或分割敌地的目的。

49

图 56　扑的下法

黑1在对方的虎口内投入一子，是充分利用黑■的下法。黑棋的下法是有效的破眼方法。

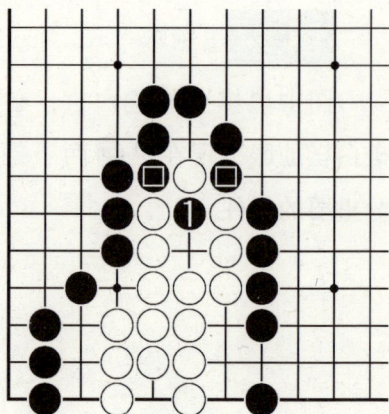

图 56

图 57　后续进行

本图是图56的后续进行，此时白2提子，由于有黑■的作用，白棋a位是假眼，白棋整体不活。

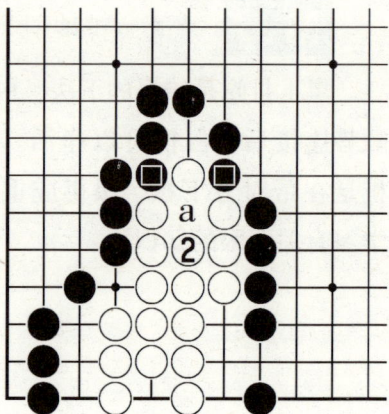

图 57

围棋知识小贴士

扑：故意往对方的虎口内投入一子，迫使对方急救的下法。

图 58　假眼的避免

图中黑棋要想活棋，现已确保在 a 位有一眼，另一眼如何才能确保？

白△正虎视眈眈地瞄着黑棋的破绽，随时准备攻击黑棋，黑棋应如何应对？

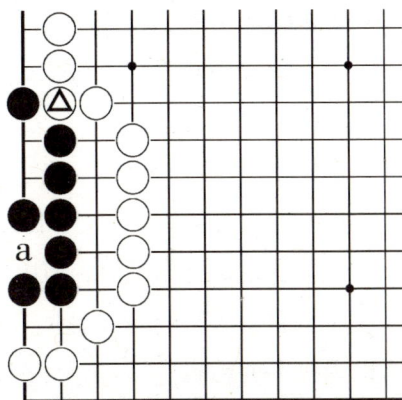

图 58

图 59　正确下法

黑 1 连接是稳健的下法，黑棋可以在 a 和 b 位确保两眼活棋。黑棋在 b 位做眼时，一定要防备出现假眼，正如前面所分析的那样，白△有破眼的作用。

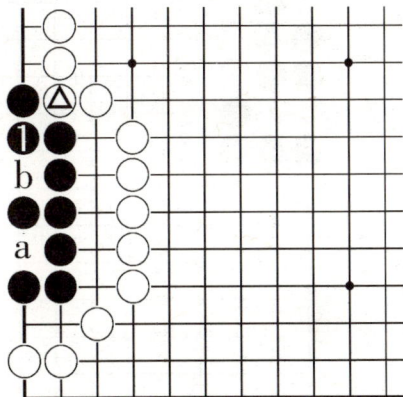

图 59

围棋知识小贴士

着子：指已下在棋盘上的棋子。
眼位：指做眼的空间。

图 60　假眼再多也无用

以下四个图均是白△破眼，黑棋不活的棋形。

A 图中黑棋看似在 a、b、c 位都有眼位，但真正的眼只有一个，c 位是假眼。

B 图中只有 d 位一眼，e 位是假眼。

C 图虽然是对称棋形，但由于白△的作用，f、g 位都是假眼。

D 图的棋形比较少见，h、k、l 位都是假眼，只有 j 位是真眼，所以黑棋不能活棋。

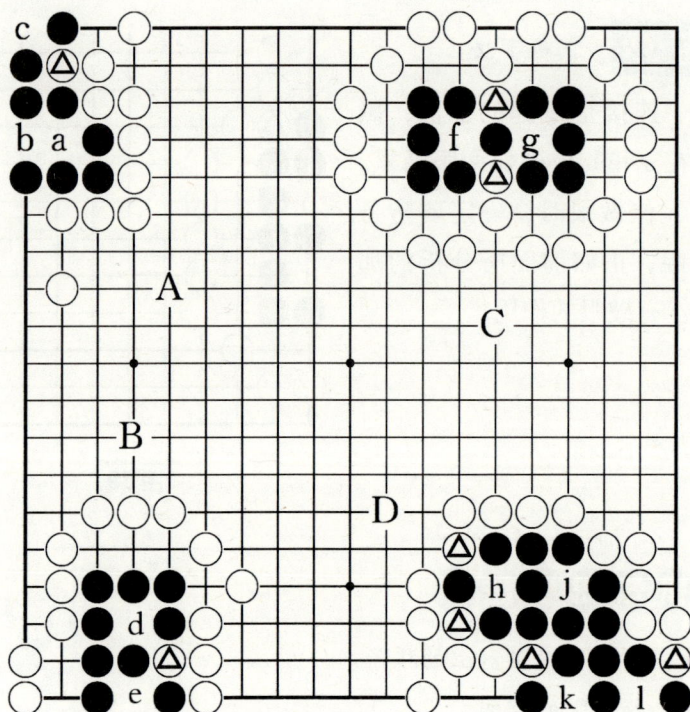

图 60

解题练习

围棋的死活知识是围棋技术中最基础的部分，我们在学习这一部分知识时，一定要认真学习、打好基础。

以下部分问题是对前面所学知识的复习，大家先不要看答案，一定要自己先做，反复练习。

问题 *1*

A 图和 B 图中双方棋子相互纠缠，黑棋如何才能救出自己陷入困境中的棋子？

若能正确解题，说明对提子、棋子的联络等知识已有一定程度的掌握。

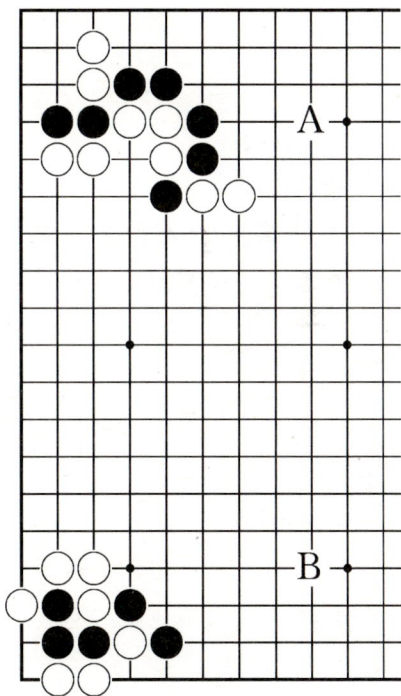

问题 1

问题 2

图中白棋看似已两眼活棋，现在黑棋吃白棋的方法是什么？

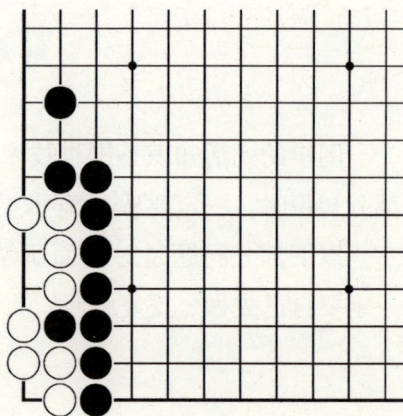

问题2

问题 3

本图需要一定的计算能力，白棋如何才能吃黑棋？

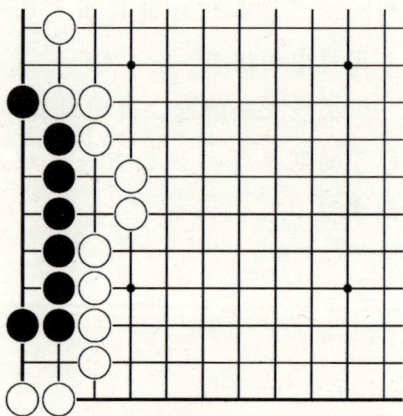

问题3

问题 4

本图黑棋如何下才能活棋？

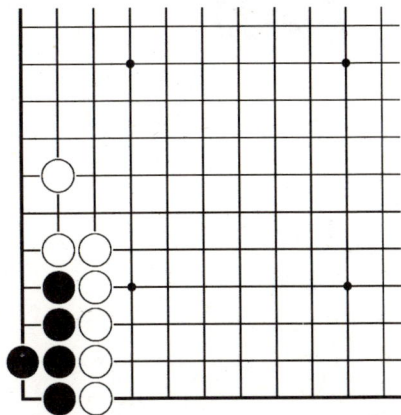

问题 4

问题 5

　　由于白棋位处角地，问题比较复杂，请问黑棋吃白棋的方法是什么？

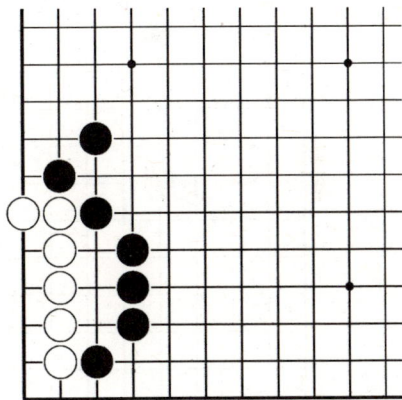

问题 5

解析 1

A 图中黑 1 提白棋三子是救出自己棋子的唯一方法。如果下成右侧黑 1 立，白 2 连接后，黑棋不活。白 2 具有逃跑和连接的双重作用。

B 图中黑 1 提白棋一子是正确的下法。如果下成右侧黑 1 长，白 2 可直接提子。

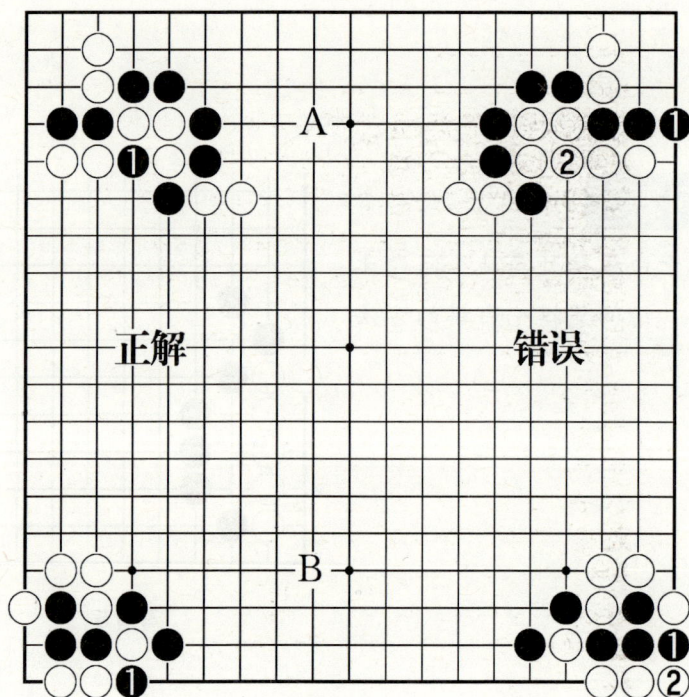

解析 1

解析 2

黑 1 扑是必杀的急所，白棋如果在 a 位提子，由于有黑△的存在，白棋在此位置是假眼。

类似在边上破眼的方法应多加留意。

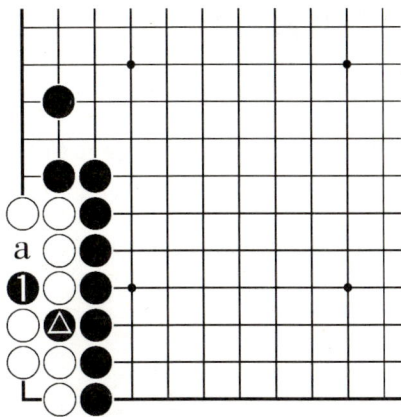

解析 2

解析 3

白 1 扑是好棋，黑 2 如果提子，白 3 点可以破眼，黑棋无法做成两个独立的眼，只好束手就擒。其中白 1 如果先下在 3 位，黑棋同样不活。

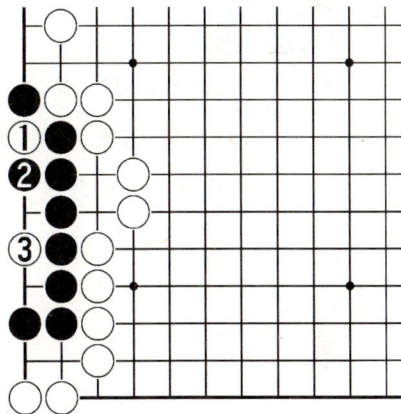

解析 3

围棋知识小贴士

撞气： 指在对攻战中，自己紧自己的气的自杀行为。

解析 4

黑1下立是稳健的好棋，黑棋由此可以做成两个独立的眼活棋。本图中黑a扳不成立，白棋在1位扑后，黑棋是假眼。

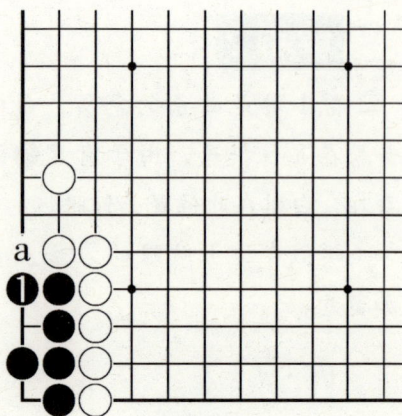

解析4

解析 5

黑1扳，白棋不活。白2下立是不得已的下法，黑3点后，白棋无法做成两个独立的眼。

图中黑1在角地扳时，白a挡不成立，这一点要牢记。

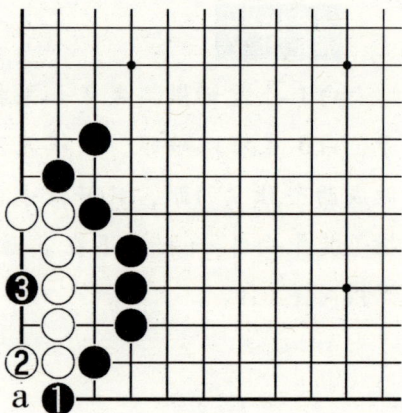

解析5

围棋知识小贴士

紧气：对攻战中，封堵对方棋子出路的过程。

2. 吃子的方法

打吃的方向

要想提对方的棋子，首先必须打吃，那么如何打吃，打吃的方向是什么？这是一个十分重要的课题。

图 1 方向问题

本图中的黑棋面临如何打吃白△的问题，请问黑棋打吃的正确方向是什么？

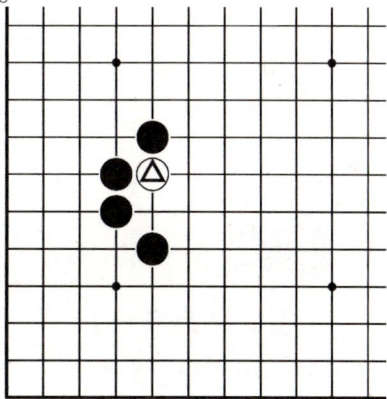

图 1

图 2 方向错误

黑 1 打吃是方向错误，白 2 长后，白棋的出路有三处，黑棋无法吃住白棋。

黑棋的错误不仅使白棋轻松脱逃，而且还给自己留下了 a 位的断点，所以说打吃不是下棋的目的所在。

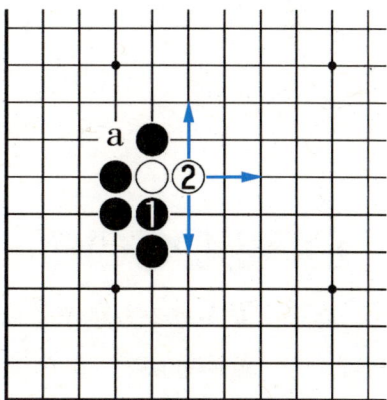

图 2

59

图 3　正确下法

黑1打吃是正确的方向，白2如果长，黑3可以直接提子。黑棋选择了正确的打吃方向，这就像我们踢足球一样，射门应往球门里踢。

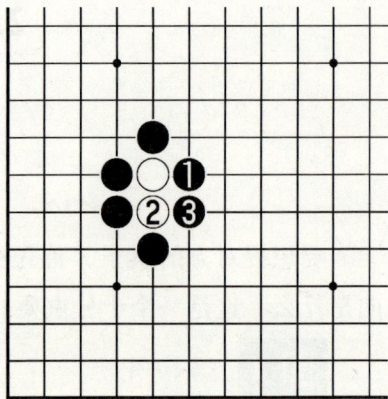

图 3

图 4　周边情况的变化

本图中黑棋在吃白○两子时，应考虑到周边情况的变化。

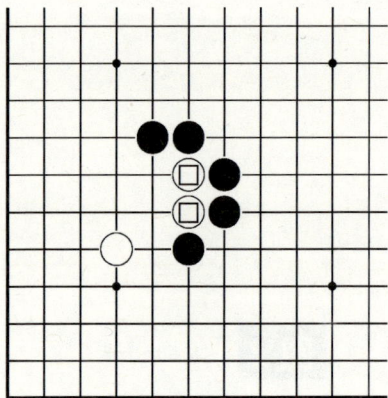

图 4

围棋知识小贴士

弃子：舍弃若干个棋子，以换取外势或其他利益的着法。

图 5　关门

黑 1 打吃是正确的手段，白⊡两子被黑棋关门吃掉，其后白棋如果在 a 位冲，黑棋可在 b 位提子。

由于黑▲十分坚实，白棋不宜在此过多纠缠，否则损失更大，应考虑以后的利用方法。

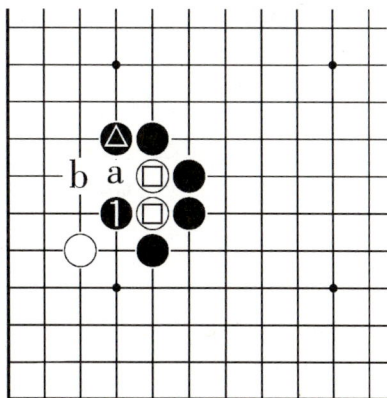

图 5

图 6　错误打吃

黑 1 打吃则是方向错误，白 2 长后，白⊡可以与白△形成联络，白棋可以成功逃跑。

由于白△是绝好点，黑棋反而留下 a 和 b 处的断点。

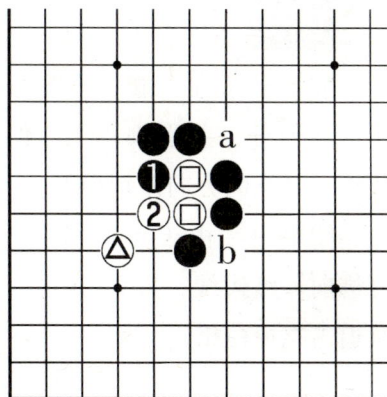

图 6

围棋知识小贴士

好着：指下出的好棋。

图 7　边地的打吃方向

现在我们再分析一下边上棋子的打吃方向问题。图中黑棋如果打吃白△一子，应如何打吃？

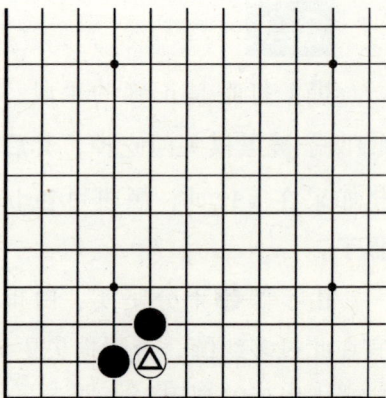

图 7

图 8　逼向死亡线

如果棋子在中腹，打吃方向不论在何处，差别都不大，但在边地，打吃的方向差别很大。

图中白 2 由于无路可逃，只好逃向一路边线，黑 3、5 可以继续追击吃掉白棋。

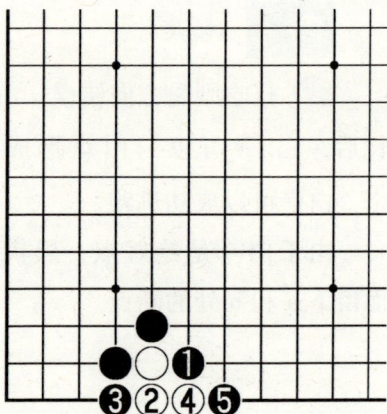

图 8

围棋知识小贴士

废子：下了一步棋而对取势、占地或攻击、防御等方面都不起作用或作用极小。

图 9　方向错误

本图中的黑 1 打吃是方向错误，黑棋无法吃住白棋。其后白 2长，黑 3、5、7 继续追击，白 4、6、8 可继续逃跑。

因此黑棋的打吃，应选择图 8的进行。

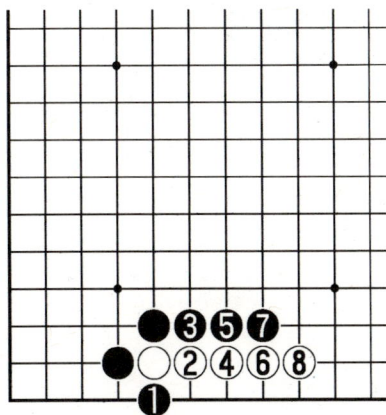

图 9

图 10　打吃一路上的子

黑棋如何打吃白△？

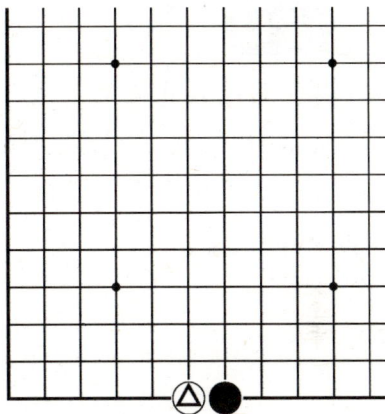

图 10

围棋知识小贴士

长生：指对整块棋生死攸关的循环着法，因被围困的棋始终生生不息，故名。对局时出现长生，如双方互不相让，一般作为和棋处理。

图 11　错误的打吃

黑1打吃是错误的下法，白2长后，黑棋无法继续追击白棋，而黑棋被一分为二。

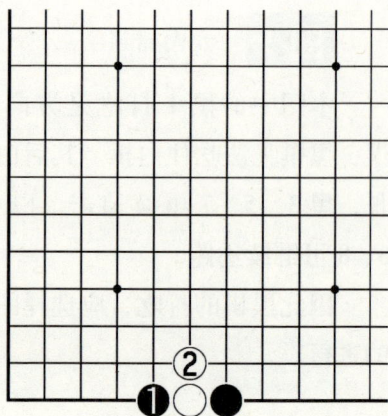

图 11

图 12　正确的打吃

黑1打吃是正确的下法，白棋不管怎样逃跑，都无法摆脱黑棋的攻击。下至黑11，黑棋可以提掉全部白子。

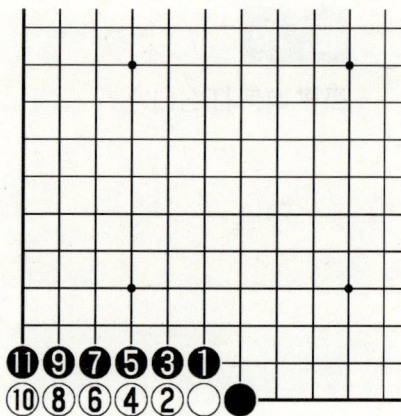

图 12

围棋知识小贴士

落子无悔：围棋的基本规则之一，是指在棋盘上落子后，绝对不能撤回或移动。

打吃时的注意事项

要想吃对方的棋子并非那么简单的事，特别是对方棋子越多，情况就会越复杂，有时还会吃对方棋子不成，自己反遭大损。

图 13　错误的打吃

黑 1 打吃中腹白棋一子，白 2 必须逃跑，这里既非角地，又非边地，黑 1 打吃是错误的下法。

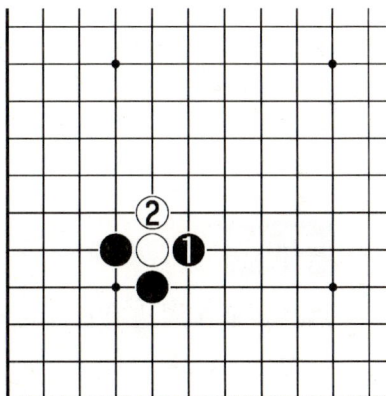

图 13

图 14　黑棋失败

黑棋如果继续追击白棋，黑 3、5 必须挡，白 4、6 长后，白棋的出路十分通畅，黑棋失败。

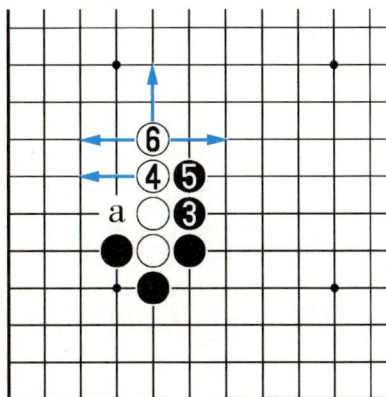

图 14

65

图 **15** 黑棋用强

黑 7 如果强行封挡，白 8 拐头，黑 9 继续挡，白 10 挺头后，黑棋不仅被一分为二，而且还有 a 和 b 位的断点，黑棋的下法不成立。

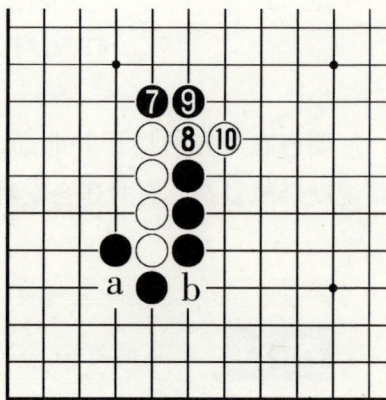

图 15

图 **16** 周边的情况

黑棋如果在周边有援军黑■存在，黑 1、3、5 是强有力的手段，黑棋可以成功包围白棋。因此在吃对方棋子时，周边棋子的布置情况如何，是需要首先观察和分析的。

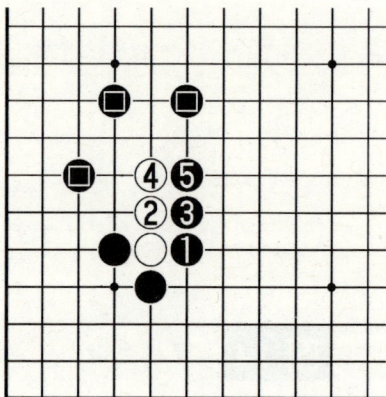

图 16

围棋知识小贴士

行棋：1. 指棋子的运行过程，2. 棋子的运行方法。

打入：主动深入对方势力范围的着法。

图 17　强有力的支援

图中白△切断黑棋，黑1打吃方向正确，白2长时，黑3、5、7可以继续追击，由于黑■强有力的支援，白棋只好束手就擒。

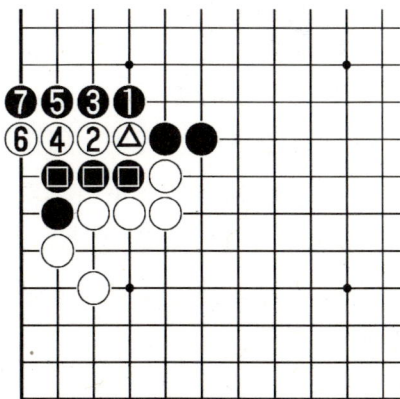

图 17

图 18　方向错误

本图中的黑1打吃是方向错误，白2出头后，黑棋已无法吃住白棋，自己反而被分割。因此在吃对方棋子之前，一定要先考虑前后左右的棋子的情况再做决定。

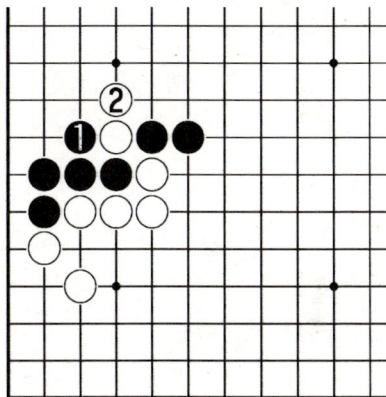

图 18

围棋知识小贴士

倒扑： 在对方虎口内投一子，如果对方提吃，然后再提掉对方若干个棋子的着法。

图 19 死活互换的打吃

通过本图的进行，大家可以体会到在吃棋的过程中，周边棋子的配置情况是多么重要。现在白△切断，黑棋打吃的方法只有 a 和 b 位两种，黑棋如何下才是正确的？

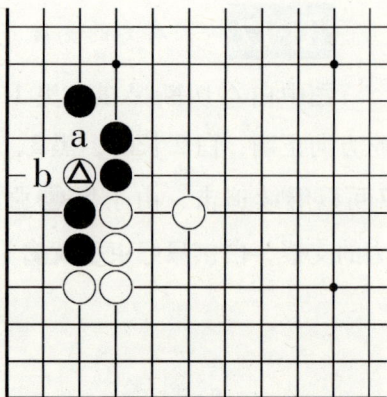

图 19

图 20 方向错误

黑 1 打吃，情况会如何？白 2 长，黑 3 只好挡，白 4 打吃后，黑棋反而被吃，以后黑 a 打吃，白 b 可以直接提子。其中黑 3 如果在 a 位挡，白棋下在 3 位或 4 位后，同样打吃黑棋。

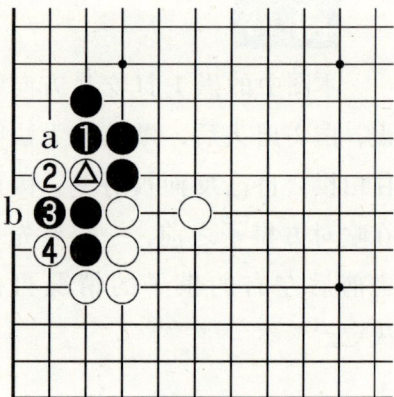

图 20

围棋知识小贴士

俗手：错着的一种，其主要特点是，从表面上看与正常的着法似乎相差无几，容易被低水平的棋手使用，甚至养成习惯而不明就里。

图 21　背景的利用

黑 1 打吃，情况又会如何？此时白 a 如果长，黑 b 提子，因为黑棋得到了黑▲的支援。

因打吃导致死活互换的情形经常发生。

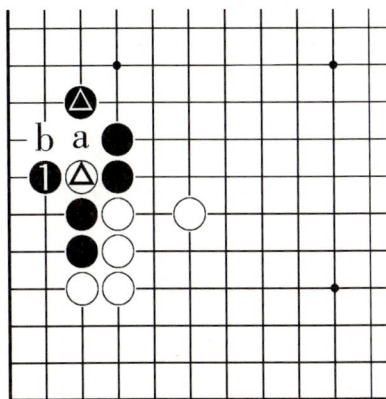

图21

图 22　断然回击

图中白△切断，黑棋应如何利用打吃来断然回击白棋？在 a 和 b 位中进行选择。

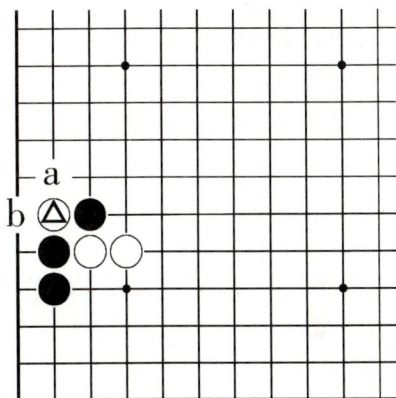

图22

围棋知识小贴士

死活：是指一块棋的死或活。

图 23　逼入绝境

　　问题比较简单，是对前面学过的二路打吃再次复习，即将白棋逼入绝境是正确的选择。图中黑1打吃白△一子，白2下立，黑3挡后，白棋无后续手段。

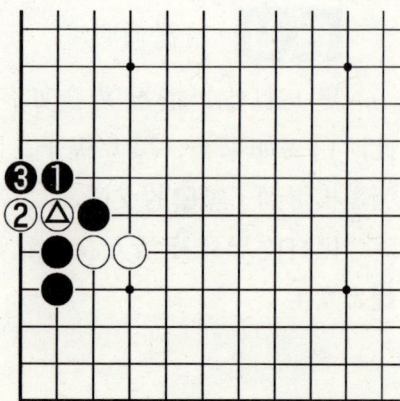

图 23

图 24　综合分析

　　本图中的黑1打吃不成立，白2长后，黑棋无法继续追击白棋。在打吃对方棋子时一定要综合分析棋子周边的情况。对方有无援军？地处中腹还是边地？这些相关情况对棋子的死活均有决定性影响。

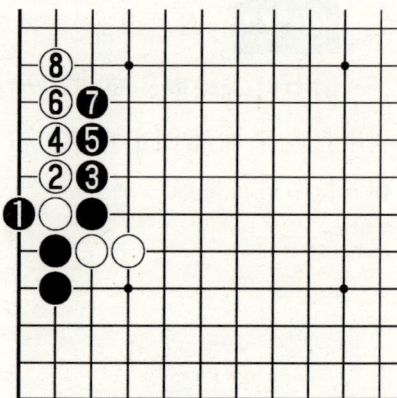

图 24

围棋知识小贴士

　　围棋十诀：由中国古代围棋国手王积薪所提出的有关围棋战术的十句口诀，是关于下棋的经验总结和积累。

双打吃

"鱼和熊掌不可兼得"是一句俗语，意思是二者不得兼顾。围棋中也有类似二者不可兼顾的情况，以下对其代表性情况进行分析。

图 25　严厉的应对

黑棋三子与白棋展开了对攻，现在是黑棋先下，黑棋有严厉的手段，请问黑棋正确的下法是什么？

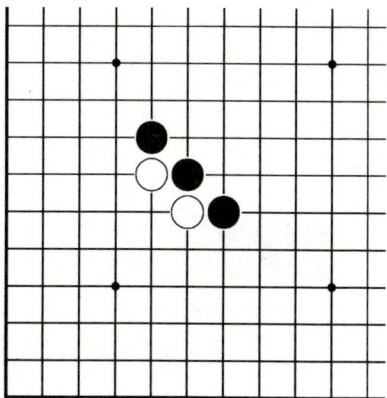

图 25

图 26　两侧打吃

黑1断是正确的下法，黑1不仅打吃白△，同时也对白□形成了打吃。

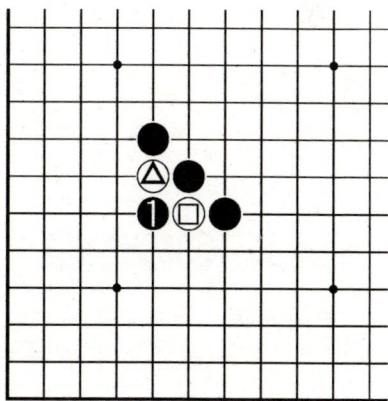

图 26

71

图 27 中间开花

其后白 2 如果长，黑 3 可提白棋一子，黑棋这种提子称为"中间开花"。由于围棋是双方相互交替进行的运动，类似这种中间开花的情况很难遇到，因为要将对方棋子在中间全部围住，要费很多手棋。

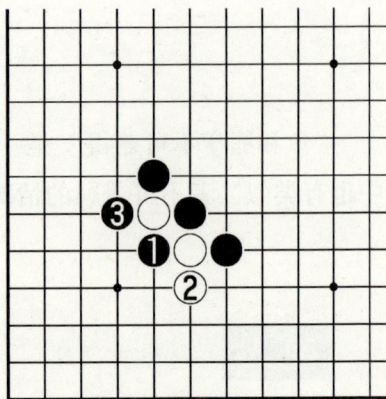

图 27

图 28 二选一

白 2 如果在左侧长，黑 3 则可提下侧一子，由于白棋同时有两个棋子被打吃，不可能同时救活两个棋子，只能二选一，这类情况称为"双打吃"。

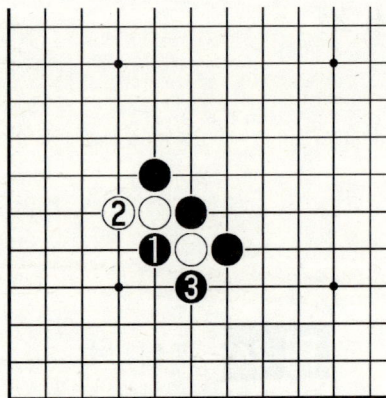

图 28

围棋知识小贴士

中间开花：是指中腹附近提对方一两个棋子的状态。中间开花 30 目，是指在中腹附近如能吃掉对方的棋子，对周围的影响力十分巨大。

图 29　扳二子头和连扳

现在黑▲与黑 1 均是扳白◎二子头的棋形，黑 1 的这种下法十分有利，白 2 扳时，黑 3 可以继续强扳，白 4 如果继续扳，结果如下图。

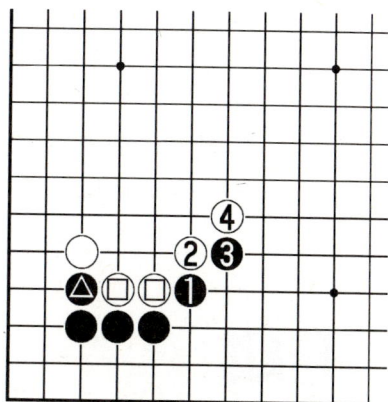

图 29

图 30　自找双打吃

白◎连扳是无理棋，黑棋此时应对的方法十分简单，黑 1 断即可，白▲和白◎被同时打吃，白棋必须做出取舍，白 a 则黑 b，白 b 则黑 a，因此白◎是无理棋。

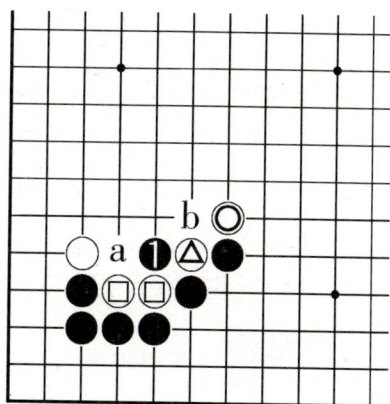

图 30

围棋知识小贴士

次序： 指行棋过程中下子的先后步骤，对棋子的死活和行棋效果有很大的影响。

征 子

本节所学的知识更有意思，即利用征子吃对方的棋。征子是围棋中最基本的技术，应用十分广泛，值得大家好好学习。

图 31　断吃

图中黑▲与白△相互切断，展开了对攻，黑棋有一举吃住白△的方法，请见后续分析。

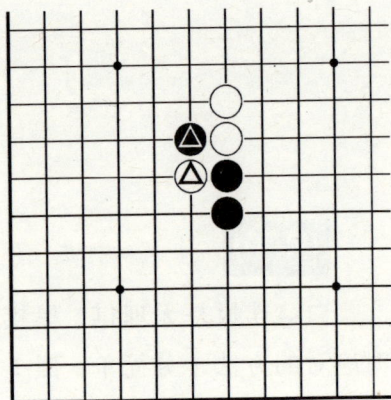

图 31

图 32　方向错误

黑1打吃是方向错误，白2长后，黑棋不仅吃不了白△，黑▲还变得十分危险。

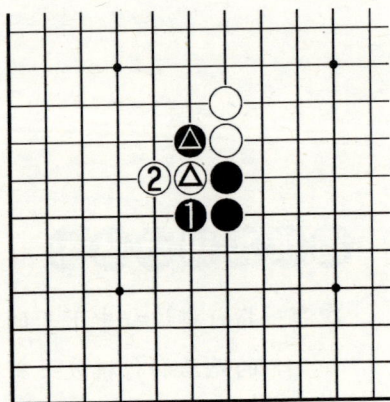

图 32

74

图 33　正确的下法

黑 1 打吃，利用已有黑■是正确的下法，此时白棋要想救活白△，必须于 2 位长，后续进行见下图。

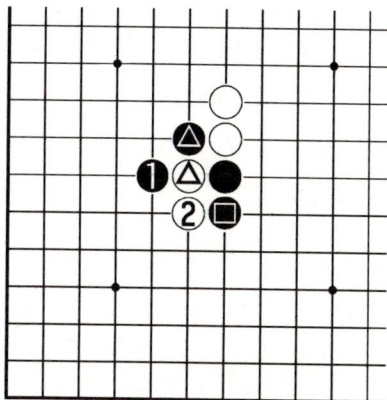

图 33

图 34　错误的下法

白 2 长时，黑 3 打吃是错误下法，白 4 长后，白棋的气有箭头所示的三处，黑棋的攻击失败。

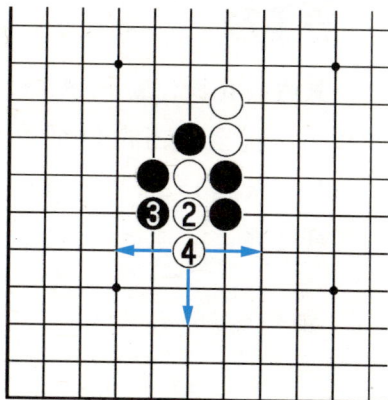

图 34

围棋知识小贴士

恶手：是指坏棋或错着。

征子：吃棋子的一种方法。

图 35　正确的下法

上图中的黑 3 下在本图中的 3 位，是正确的下法。白 4 时，黑 5 可以继续追击。

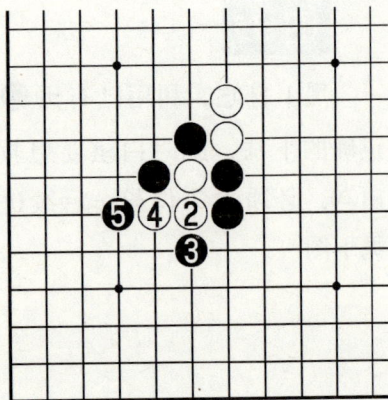

图 35

图 36　后续进行

其后白 6 长，黑 7、9、11 继续攻击，直至追击白棋至边地，也就是下至黑 15、17 时，白棋再也无处可逃。

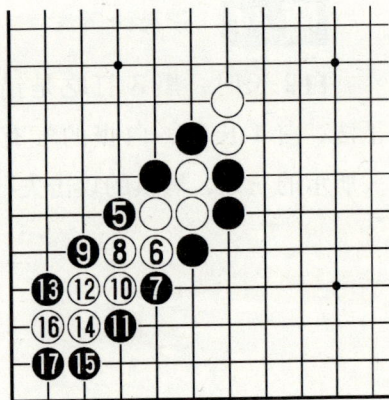

图 36

围棋知识小贴士

对子棋：指棋艺水平相差无几的双方在对等的条件下下棋的方式。水平稍好者执白，同水平者通过猜先或轮流执黑先下。

图 37 损失巨大

　　本图是图 36 提子后的棋形，白棋如果真下成如此，棋局已告结束，白棋输棋已成定局。白棋要想减少损失，必须及早弃子。

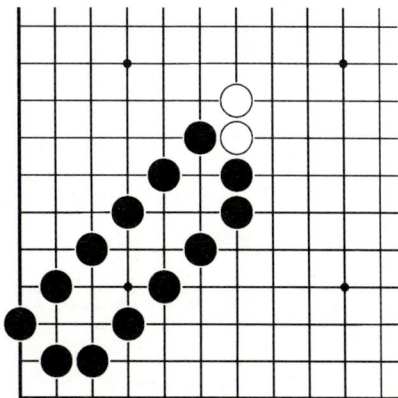

图 37

图 38 先下先征

　　现在再次温习一下有关征子的要领。图中黑白双方相互扭断并且互扳对方的二子头，双方现在条件对等，谁先下谁就有利，请问黑棋在 a 和 b 中如何选择？

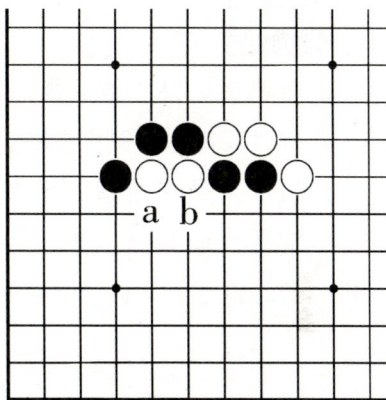

图 38

围棋知识小贴士

　　引征：在被征棋子行棋方向的前方下子，意在接应被征的棋子。

图 39　方向错误

黑1打吃是方向错误，白2长，其后黑3、5、7试图征子，但下至白8，意外情况出现了。此时黑棋不能继续在a位打吃白棋，因为白棋可在b位直接提黑棋三子。

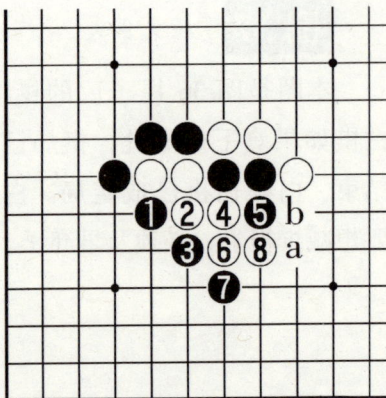

图 39

图 40　后续进行

此时黑1如果要救黑◉三子，白2则可以双打吃，黑棋失败。

黑棋本来是想通过征子来吃白棋，结果反而自己受损，说明黑棋当初的打吃方向存在问题。

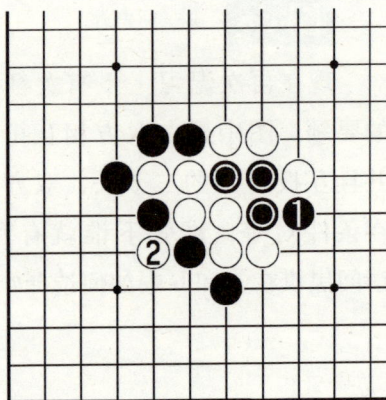

图 40

围棋知识小贴士

急所：是指棋局中双方都急于争夺的重要位置。

图 41 正确的下法

黑 1 打吃是正确的下法，白 2 如果长，黑棋可以继续追击，黑 3、5、7、9 追击后，下至黑 13，白棋被逼至边地，黑棋成功吃住白棋。由此可见，当初黑棋打吃的方向是正确的。

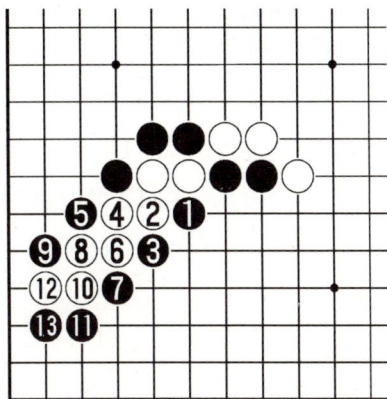

图 41

图 42 征子中的技术

征子看似容易，其实很有技术含量。图中在有白 ▢ 的情况下，黑 1 打吃白 △ 可以成立吗?

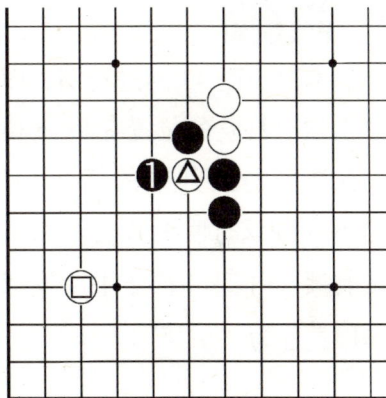

图 42

围棋知识小贴士

缓着：指一种当进而不进，坐失时机的松懈之着。

图 43　后续情况

现在我们对黑 1 打吃的情况进行演示，下至黑 11，白棋得到白◎的支援后，白 12 可以逃跑。

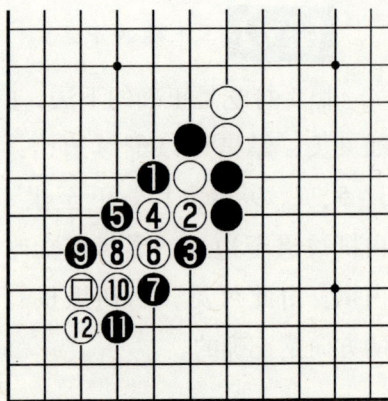

图 43

图 44　黑棋失败

本图是图 43 的进行图，图中黑棋被双打吃的位置有 a—e 位五处，黑棋连接其中的任何一处，仍还有被双打吃的位置，黑棋难以兼顾。白◎在征子中所发挥的作用，称为"引征"。

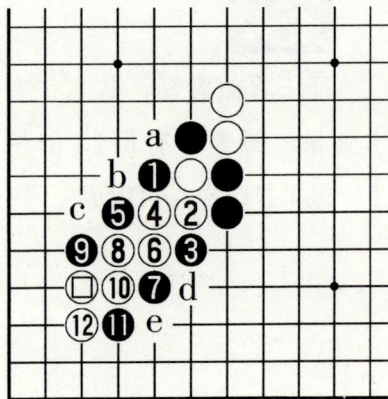

图 44

围棋知识小贴士

定先：是指在对子棋中，双方的实力略有差距时，下手执黑棋先行的方式。

图 45　引征与否

我们现在继续学习引征的相关知识，黑 ◼ 处于征子前方，此子有什么作用呢？

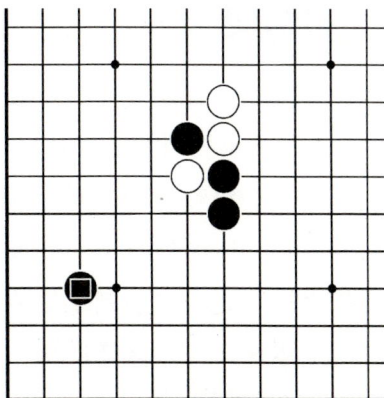

图 45

图 46　引征作用

黑 1 以下步入征子的程序，由于有黑 ◼ 的引征作用，黑棋不用下至边地，就可吃住白棋。

是否可以引征，这样的判断对黑白双方来说并不难，所以在征子之前，一定要先判断一下引征能否成立。

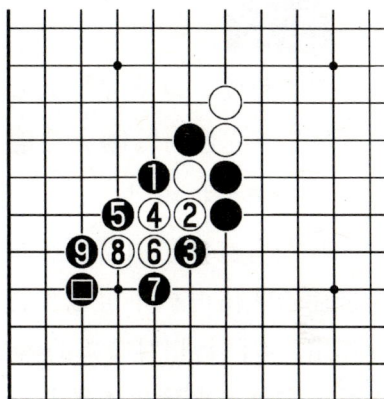

图 46

围棋知识小贴士

入神：在韩国，围棋段位制度的最高级别九段的别称。

81

图 47

图 47 征子的判别

本题多少有点复杂，主要是考察一下大家的判别能力。

图中黑◼和白⬭均处于征子途中，现在是黑棋有利，还是白棋有利？类似问题的判别是水平的具体体现，当然这样的能力需要长期的训练来积累。

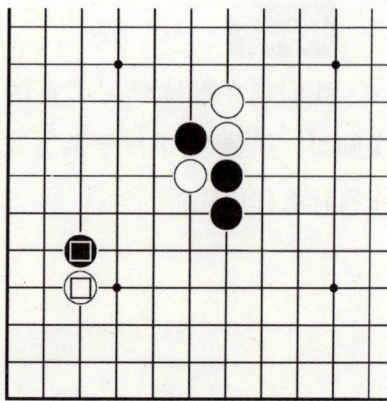

图 48

图 48 最近的一方有利

黑1打吃，以下进行至黑7，征子队伍首先遇到黑◼，黑◼领先白⬭一步发挥作用。

双方均有棋子引征时，最先靠近征子队伍的棋子可以发挥引征作用。本图是相对简单的棋形，以后大家可能遇到比本图复杂很多的棋形，但是原理不变。

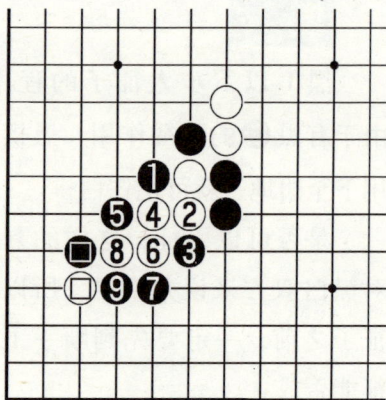

围棋知识小贴士

双劫： 双方对杀时，有两处同时发生打劫。

图 49　征子的范围

那么引征应从何处开始，又到何处结束？现在通过本图进行详细分析。

图中的单线箭头所指方向是征子的方向，其外侧的双线箭头是引征的范围。

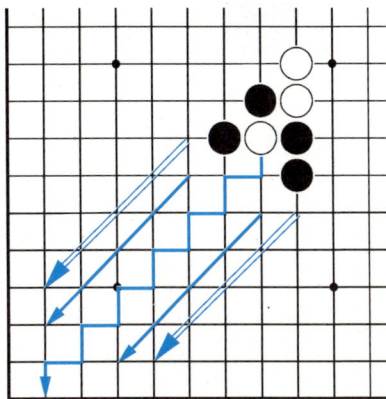

图 49

图 50　引征的利用

不了解征子，会不会在对局中吃亏？如何利用引征？

图中的白△一子已被黑 1 征子，黑棋还有黑△引征，黑棋形势有利，请问白棋如何应对？

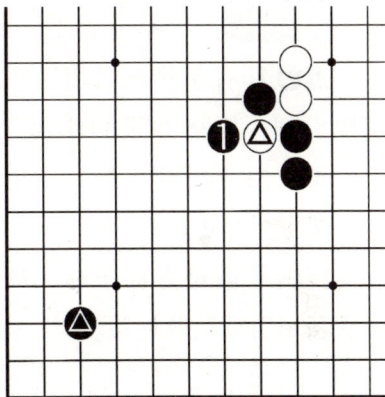

图 50

围棋知识小贴士

死子：是指已经不能活的棋子或已被提掉的棋子。

图 51　自我放弃

白 1 打吃是自我放弃的下法，黑 2 提子后，黑棋十分满足。

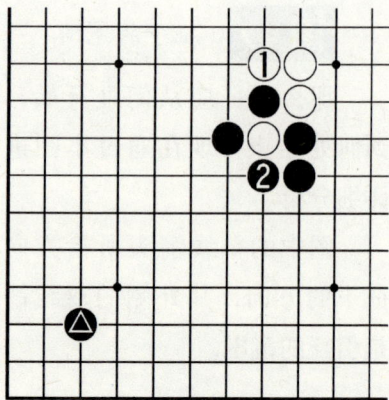

图 51

图 52　连下两手

黑△具有引征的作用，白 1 同样引征，黑棋如果胆小可于 2 位提子，白 3 压制黑△后，白棋连下两手棋，可以满足。

当棋子被对方征子时，应尽可能利用引征获取利益。

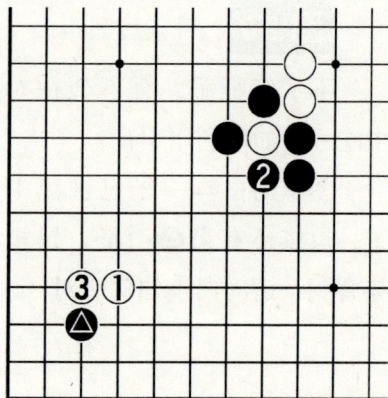

图 52

围棋知识小贴士

补：在局部范围内，使薄弱的或有缺陷的棋形、局面加以强化的防御着法。

84

图 53 固执

黑棋如果对图 52 中的进行不满，而采用本图中的黑 2、4 反击，结果又会如何?

白棋考虑到征子有利，白 5 长，以下进行至白 17，黑棋征子失败。固执是围棋中的大忌。

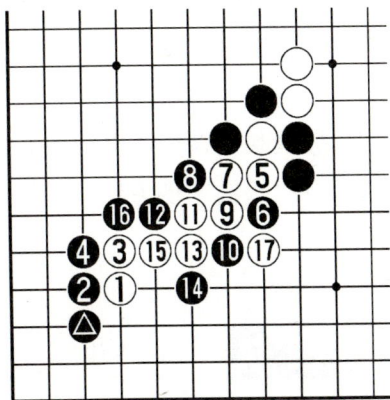

图 53

我们对刚学的征子知识进行一下小结:

1. 在征子之前，一定要判断一下征子是否可以成立。

2. 征子时，一定要选择正确的方向。

3. 在征子过程中，一定要左右轮流落子，始终能够压制对方的棋子。

4. 征子不利时，应利用引征，以获取充分的补偿。

围棋知识小贴士

曲四: 活棋的基本棋形之一，一块棋被包围，其眼位是弯曲形状的四个交叉点。

关 门

捕鱼既可以利用垂钓的方法，也可以利用张网的方法。如果说征子是"垂钓"的方法，关门则是"张网"的方法。

图 54 要所的作用

白△切断黑棋，以后白棋如果逃脱，黑棋被一分为二，两块棋的死活都有问题，黑棋如何才能吃住白△一子？

类似白△这种处于对方要害的棋子称为"要所"，由此可见这类棋子的重要性。

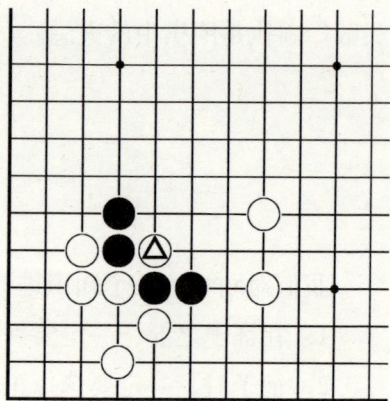

图 54

图 55 征子失败

黑1征子，情况如何？白2、4长，下至白6，黑棋无后续手段，由于白○的引征作用，黑棋征子失败。

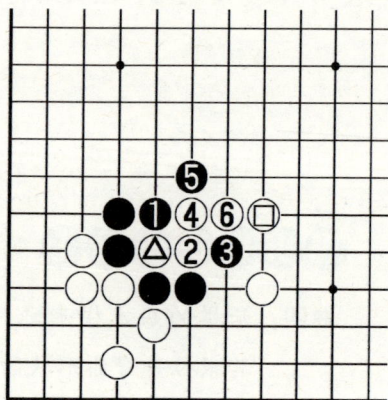

图 55

图 56　引征的作用

黑 1 从另一侧打吃，情况又会如何？以下进行至白 8，黑棋同样缺少应手，以后黑 a 打吃不成立，白 b 可以直接提子，原因仍是白◎的引征作用。

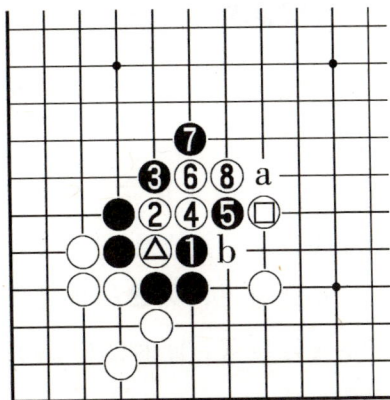

图 56

图 57　正确的下法

黑 1 封是正确的下法，白△一子无法逃脱。黑 1 的下法就是关门，黑 1 与其两侧的黑■形成了关门之势。

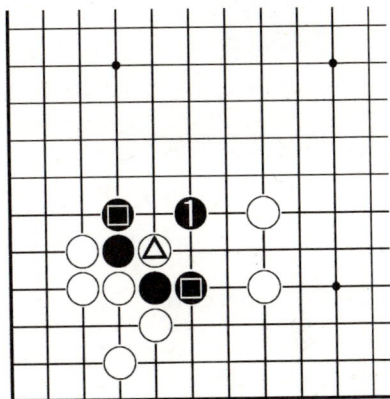

图 57

围棋知识小贴士

关门：指将对方若干个棋子封锁起来，使之无法逃遁的着法。

图 58 成功包围

续图57，其后白棋当然不甘心束手就擒，白1冲，黑2挡，白3再冲，黑4提子。其中白1如果下在3位，结果仍然一样。

由此可见，黑△的确处于包围的绝好位置，此时的白○只能是鞭长莫及。

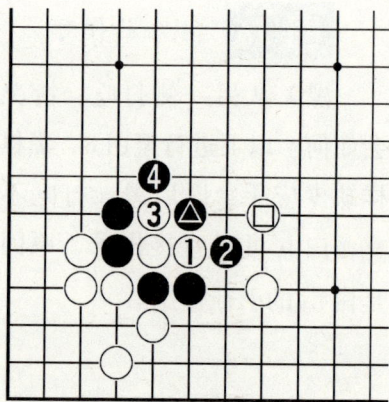

图 58

图 59 仍然关门

本图中的白○如果更靠近一点，情况又会如何？

黑1仍然可以关门，以后白a冲，黑b挡；白c冲，黑d挡，白△始终无法逃脱。

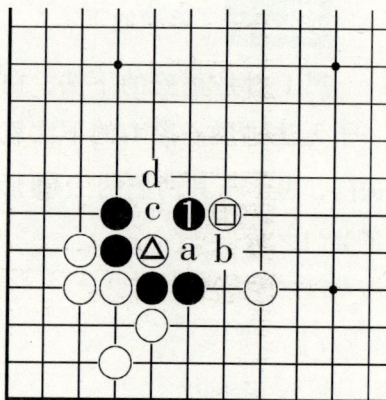

图 59

围棋知识小贴士

治孤：指治理不安定的孤棋。

图 60　关门吃

关门不仅可吃单个棋子，而且还可关门吃多个棋子。图中黑棋如何关门吃白△两子？黑⬤的作用十分关键。

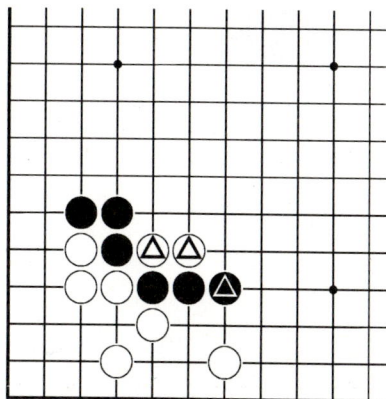

图 60

图 61　典型的俗手

黑 1 拐是不负责任的下法，白 2 长后，白棋的出路如箭头所示开阔了很多，黑棋不可能吃住白棋。以后黑 3 时，白 4 应即可。

类似黑 1 这样没有任何策略的即兴下法称为"俗手"，围棋中的俗手会让围棋的魅力大减。

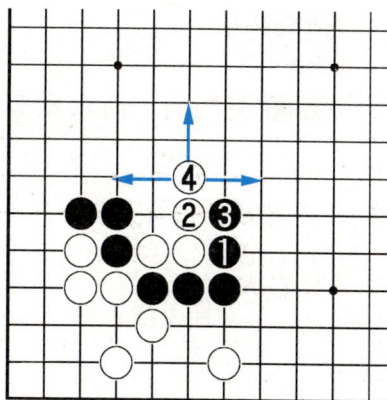

图 61

围棋知识小贴士

空征：指征子不成立的棋形。

图 62　远距离关门

黑 1 同样是关门，只不过比以前的距离远一点，白棋两子同样只能束手就擒。

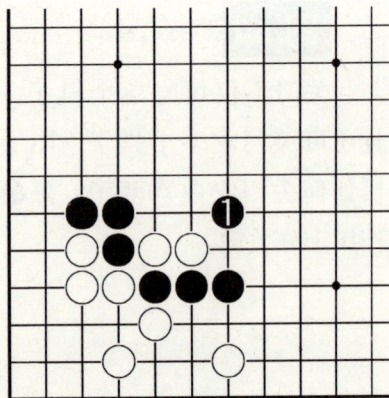

图 62

图 63　后续进行

黑●关门时，白棋如果逃跑，结果只是徒劳。白 1、3 冲，黑 2、4 挡后，白棋无法逃跑。如果白 1 先下在 a 位，黑棋可在 b 位挡，白棋同样无法逃跑。

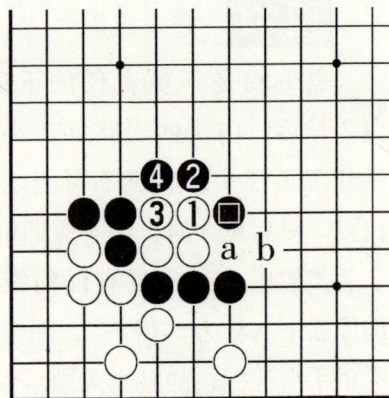

图 63

图 64　关门的代表性棋形

以下各图是实战中经常出现的各种关门的代表性棋形，黑▲关门后，白棋无法逃跑，请大家在棋盘上练习一下。

关门不仅可以单吃一个棋子，也可以吃大龙，其棋形丰富多样。关门的技术在实战中经常出现，基本上每盘棋中都有使用，因此我们必须认真学习和掌握。

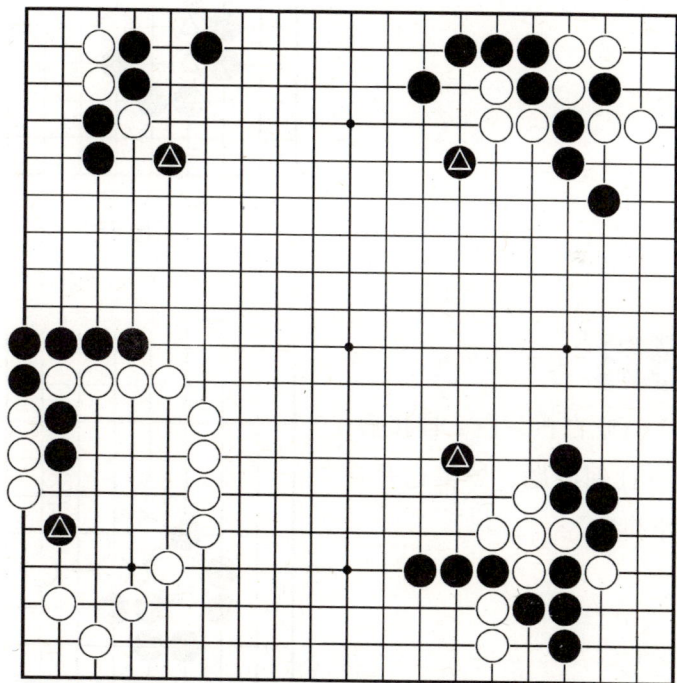

图 64

倒 扑

在对方的虎口内投入一子，如果对方提子，然后再吃掉对方棋子的手段称为"倒扑"。

图 65 示意图

黑棋要吃白△两子，其正确的下法是什么？

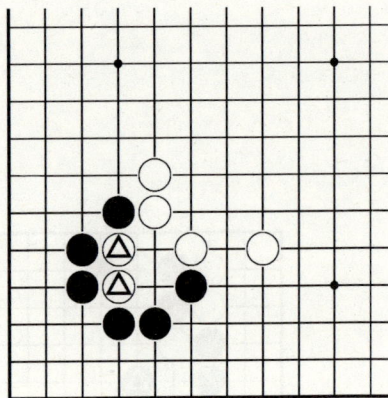

图 65

图 66 帮对方下棋

黑 1 打吃白棋，白 2 连接后，白棋没有任何问题，黑棋这是在帮对方下棋。

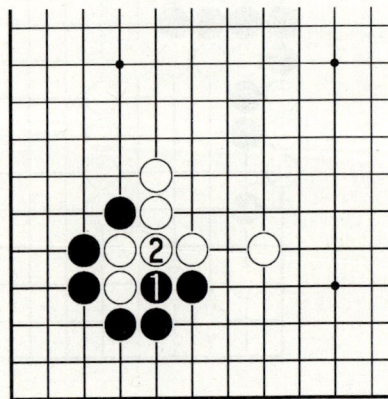

图 66

图 67　虎口投子

黑 1 投入白棋的虎口，白 2 如果提子，后续进行见下图。

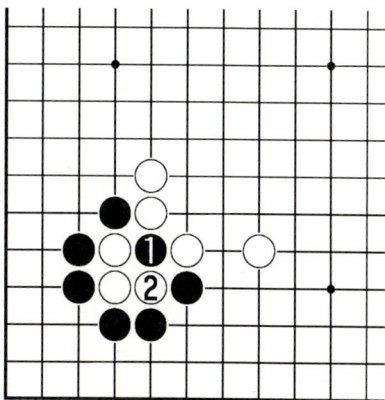

图 67

图 68　后续进行

其后黑 3 可以反提白△三子，这种先牺牲一子打吃对方的下法即是"倒扑"。

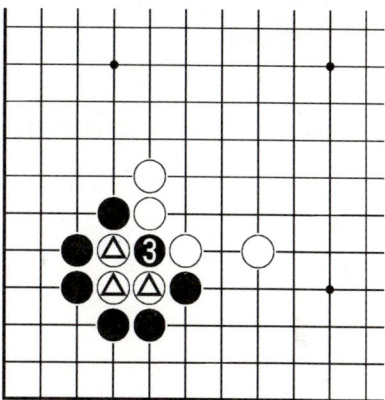

图 68

围棋知识小贴士

虎：是在原有小尖棋形的基础上，再下一着，使三子呈"品"字形状的下法，在联络棋子或防止对方切断时经常使用。

图 69　倒扑的典型

我们分析一个典型的倒扑棋形，图中黑棋吃白◎的急所是什么？

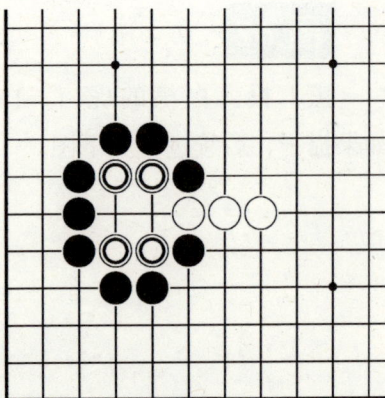

图 69

图 70　帮对方下棋

黑1如果简单打吃，是黑棋的悲剧，黑棋是在帮对方下棋。白2连接后，白棋安然无恙，黑棋反而留有a和b位的断点。

在落子之前，一定要想好再下。

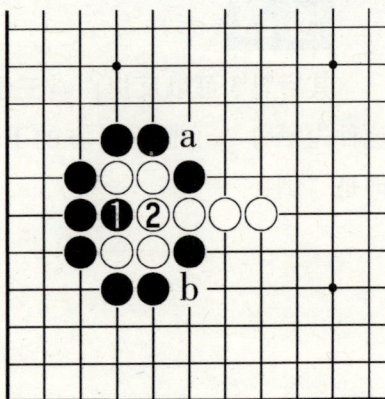

图 70

围棋知识小贴士

妙手：指出人意料的佳着。

图 71　正确的下法

只有想到给对方送子吃，才能真正了解围棋的世界。

黑 1 扑是倒扑的前奏，白 2 如果提子，后续进行见下图。

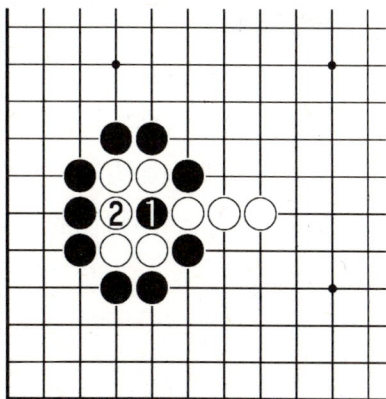

图 71

图 72　倒扑

其后黑 3 反提白棋，围棋中的这一手法比棒球中利用牺牲打进垒得分更加惊心动魄，更加精彩。

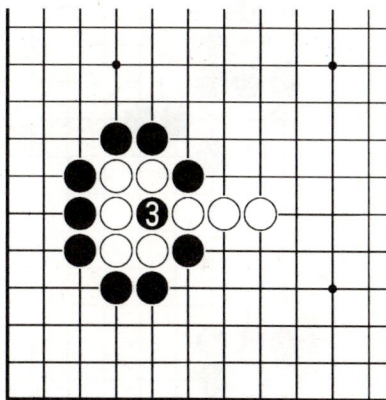

图 72

围棋知识小贴士

滚打：指迫使敌子凝聚成一团的着法过程，一般由已方先弃一两子，然后把敌子打成一团。

图 73 代表性倒扑棋形

以下各图是倒扑的代表性棋形。

黑1扑时，白棋如果在a位提子，黑棋则可以在1位反提白棋数子。大家一定要多加练习，养成一眼就能发现倒扑棋形的本领。

通过对围棋倒扑知识的学习，大家会越来越感觉到围棋运动的神奇与奥妙。

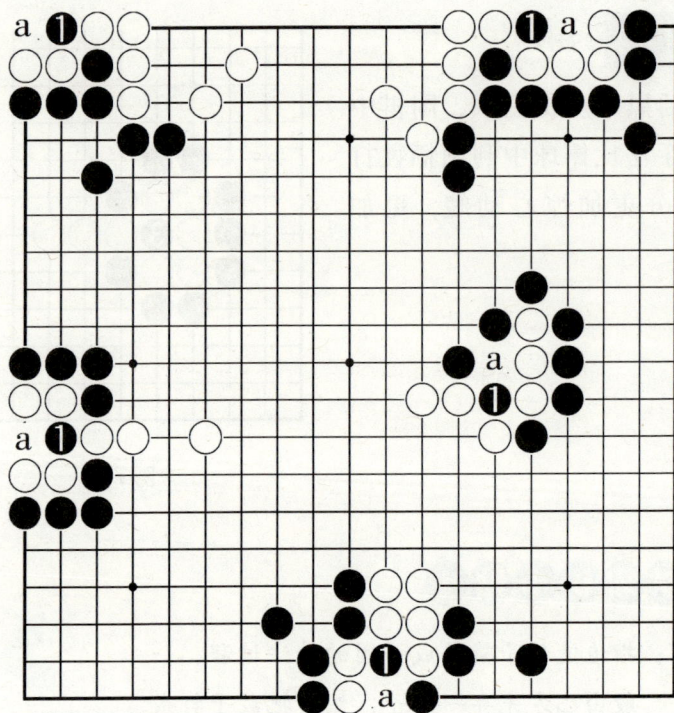

图 73

接不归

生活中有些人因为讲话多而且快，会出现连接不上的情况，围棋中也有类似的情况，这就是接不归。

图 74　无理棋的应对

白△威胁到黑■的安危，目的是让黑棋在 a 位连接。

但白△本身就是无理棋，黑棋如果在 a 位连接则过于软弱，请问黑棋正确的下法是什么？

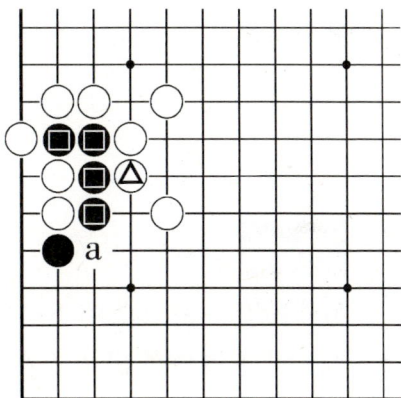

图 74

图 75　正确的下法

黑 1 打吃是正确的下法，白□两子无法逃脱。

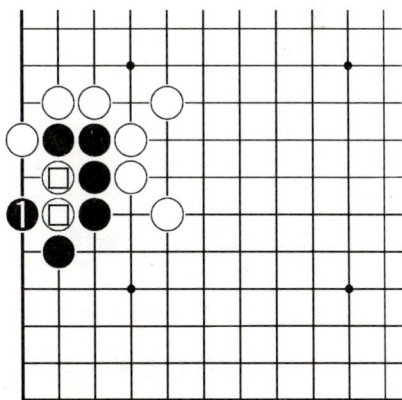

图 75

97

图 76　无法连接

为什么说白⊡两子无法逃脱呢？这是因为黑1打吃时，白2如果连接，黑3可以直接提子，黑棋可以自然消除a位的弱点。

这种使对方棋子处于无法连接的状态就是"接不归"。

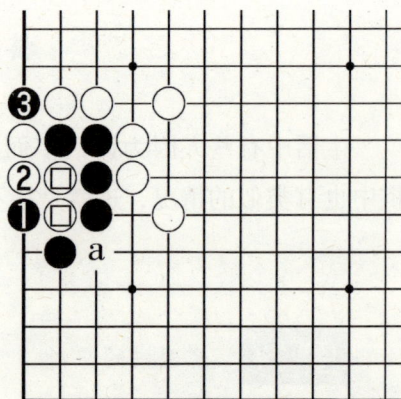

图 76

图 77　另一种接不归

另外还有一种与前图不同的接不归，即本图中的黑棋不在2位打吃，而是于1位扑，白2只好提子，后续进行见下图。

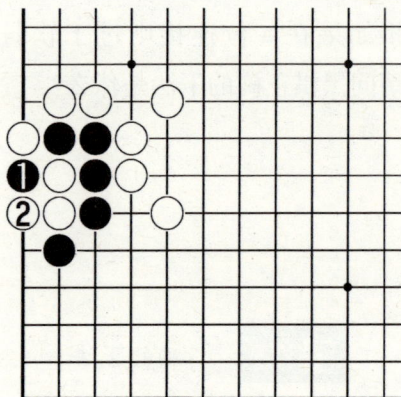

图 77

围棋知识小贴士

接不归：若干个棋子被追杀，最终形成无法连回的状态就是接不归。

图 78　接不归

续上图，其后黑 3 从后侧打吃，白棋由于不能同时在 a 和 b 位连接，结果白□三子被吃。

利用接不归的手法与前面学习的倒扑手法有点相似，在此希望大家多加学习，以防今后在实战中错过这样的机会。

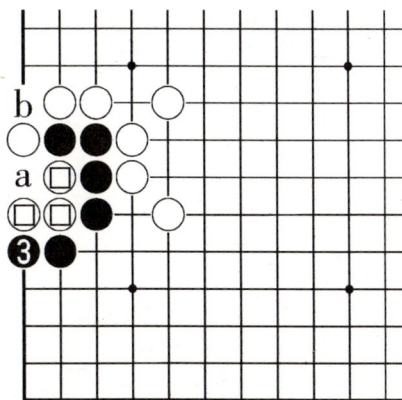

图 78

图 79　寻找弱点

图中黑●四子有被立即打吃的危险，黑 a 如果冲，白 b 可以直接打吃，因此黑棋必须寻找白棋的弱点，以摆脱目前的危机，而 c 位正是白棋的弱点。

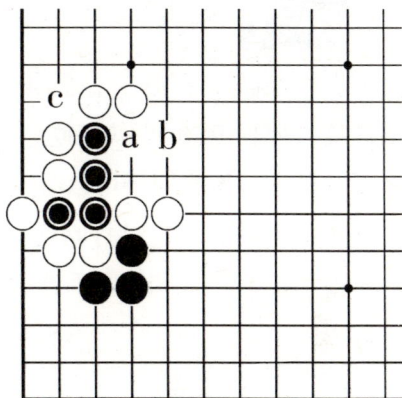

图 79

围棋知识小贴士

天元：围棋棋盘上正中心的交叉点。

图 80 连续打吃

黑 1 打吃，白 2 如果连接，黑 3 可以再打吃。

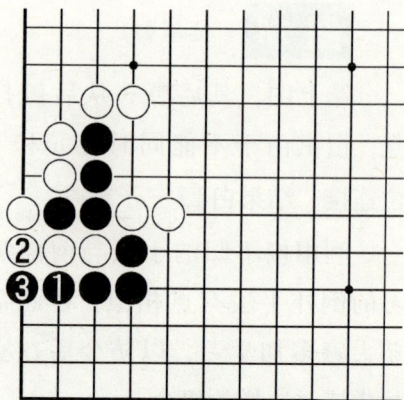

图 80

图 81 白棋接不归

白棋被连续打吃后，白 4 如果连接，此时黑 5 可以打吃，白棋无路可逃，黑棋四子可以脱险。

图中黑棋的一连串打吃之后，白棋由于接不归，只好束手就擒。

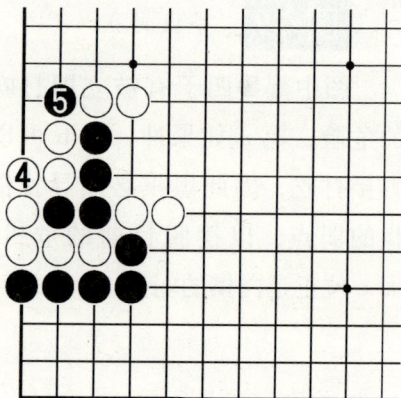

图 81

围棋知识小贴士

愚形： 效率低并且不美观的棋形的统称。

图 82　接不归的应用

图中黑棋十分危险，不仅被一分为三，而且黑▲两子和黑■三子处境十分危险，另外下侧黑棋还未安定。请问黑棋应如何摆脱危机？

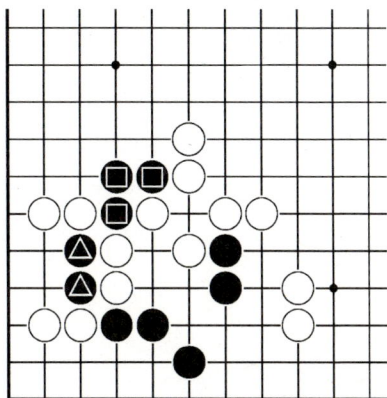

图 82

图 83　黑棋俗手

黑 1 打吃是俗手，白 2 连接，黑 3 再打，白 4 连接。白棋整体得以连接，可以安然无恙，而因为黑棋的俗手，黑棋将面临十分困难的局面。

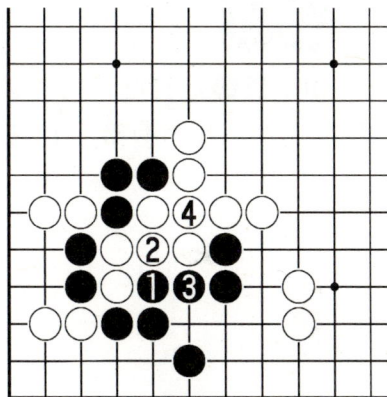

图 83

围棋知识小贴士

先手：下一着棋后，能起到攻击、杀死对方棋子或削减对方地域的作用，迫使对方不得不应的下法称为"先手"。

101

图 84　扑的选择

黑1扑是正确的选择，此时我们有必要再次强调一下，钓鱼要用鱼饵，围棋中也往往要先付出一点牺牲，才可能有所收获。

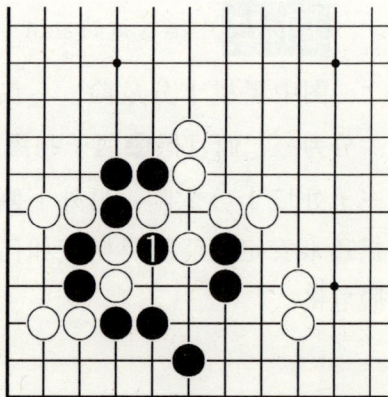

图 84

图 85　无暇顾及

由于黑△是打吃，白2必须提子，其后黑3打吃，白棋接不归。

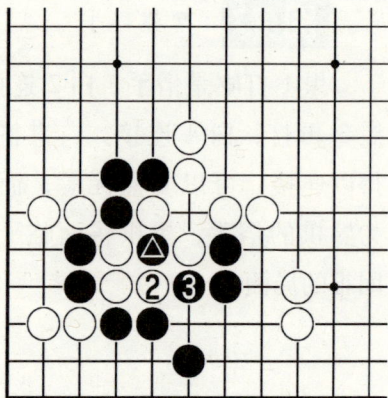

图 85

围棋知识小贴士

双打吃：下一着棋，同时打吃对方两边的棋子，形成两者必得其一的棋形，称为"双打吃"。

图 86 后续进行

本图是图 85 进行后的棋形,白棋如果在 a 位连接,黑棋可以在 b 位提更多的棋子;白棋如果在 b 位连接,可以减少一些损失。至于如何减少损失,后面我们再讲。

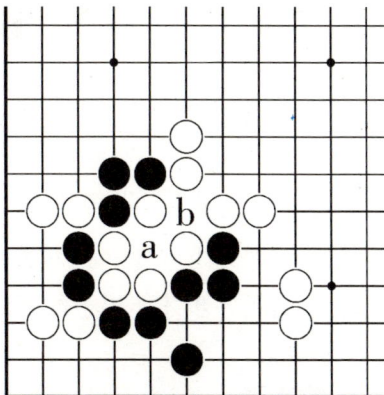

图 86

图 87 结果

本图是黑棋提白棋三子以后的棋形。现在的情况已很清楚,处于困境中的黑△和黑■全部连成一片,而白棋被分割成三块,这就是手筋的威力。

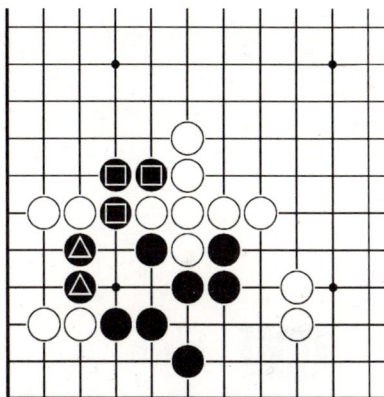

图 87

围棋知识小贴士

浮棋: 指棋局中松散而没有做眼根据地的若干棋子。

3. 棋子与棋子相遇时

打 劫

黑白双方在同一处各围住对方一子，若一方先提子，另一方必须在其他地方下一子，待对方应一子后，方能反提一子，这种双方都必须间隔一步才能提子的下法为"打劫"。

图 **1** 打劫的棋形

图中黑棋的虎口内有白棋一子，而黑棋提白子后，黑棋又处于白棋的虎口内，这就是打劫的棋形。

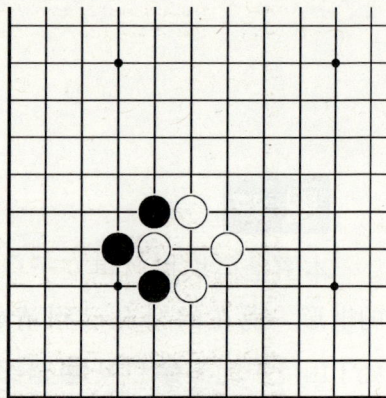

图1

图 **2** 提子后的棋形

本图是黑 1 提子后的棋形，此时白棋如何应对？

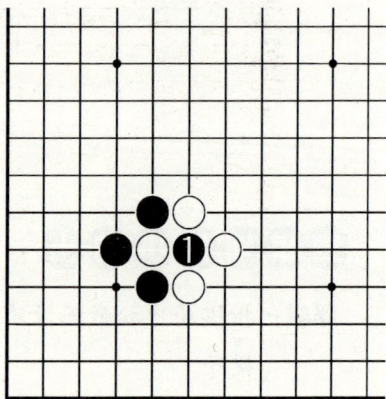

图2

图 3 循环反复?

其后白棋又会如何应对? 白2如果提子是 A 图的进行, 然后黑3继续提子是 B 图的进行, 以下进行至 D 图, 黑白双方一直在反复提子。

如果双方的提子一直延续, A—D 图仍将反复持续, 双方如果都不让步, 棋局将在此无休止纠缠下去, 为了解决此类问题, 围棋推出了"同形反复禁止"的规则。即图2中的黑1提子后, 白2不能立即提子。请大家注意: 白棋不是永远不能提子, 而是不能立即提子。

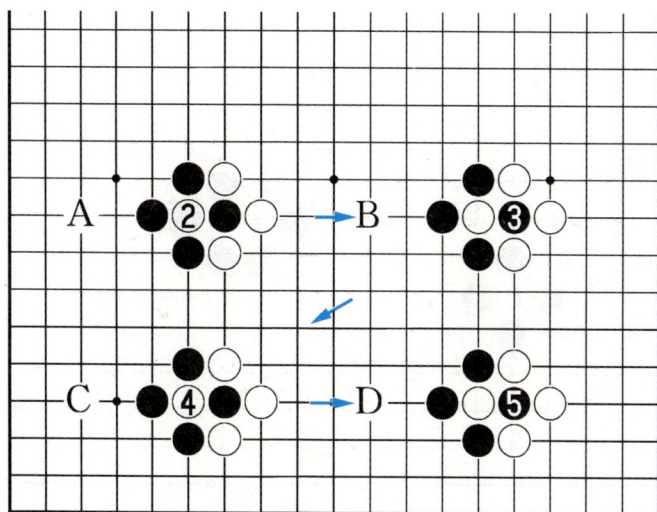

图3

图 4　规则的要求

图中黑1提子后，白棋不能立即在○位反提，而要像白2一样在其他位置下一手棋，对方应后，再反提黑子。

黑棋如果于○位连接，情况不就发生变化了吗？这就牵涉到因"打劫"产生的另一个问题，这就是"劫材"问题。

图中左侧是打劫的棋形，白棋由于不能立即反提，而是需要在其他位置寻找机会，下一着迫使对方不得不应的棋，达到把劫提回的目的，这就是"劫材"。

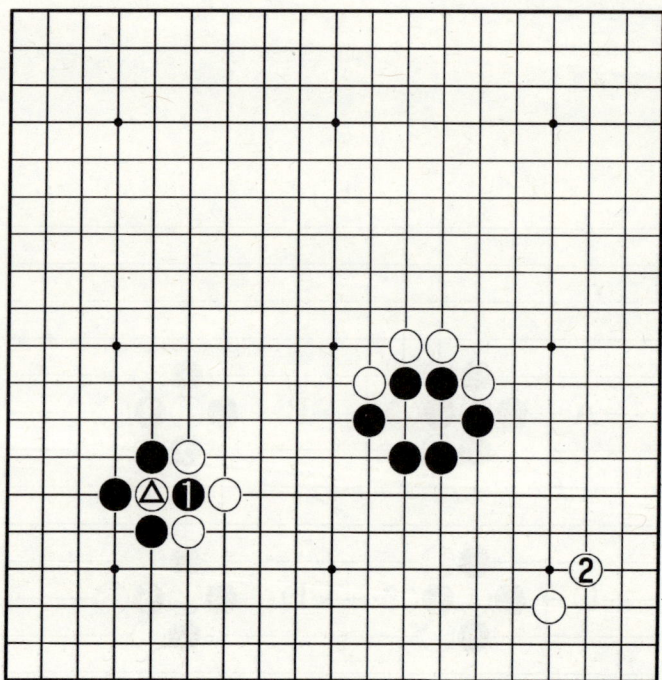

图4

图 5　劫材的重要性

黑 1 提子时，白棋如果想再提回来，可以下图 4 中的白 2，迫使对方应，对方如果不应，损失可能更大。如果劫材不是十分重要，黑棋有可能不应。

本图中白 2 打吃，情况又会如何？

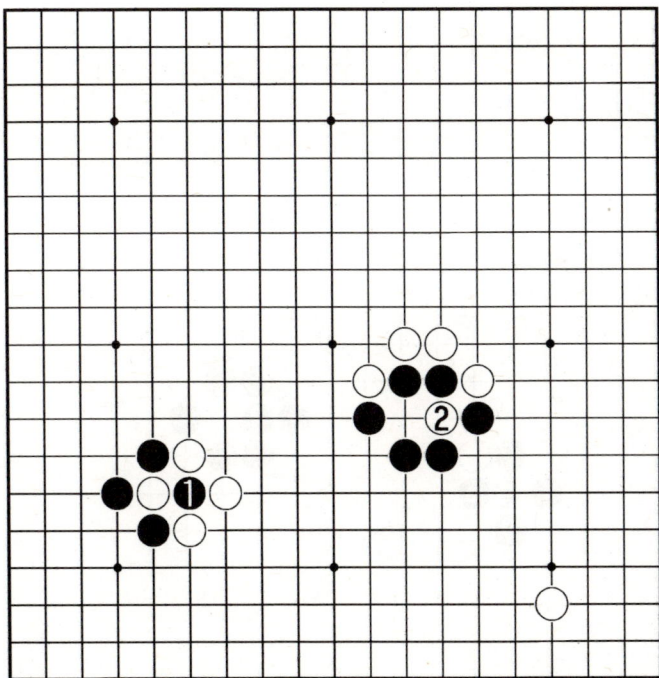

图 5

图 6 角色互换

白⬡打吃时，黑棋如果不应，白棋可提黑◉两子；黑3如果应，白4可以反提。白⬡（图5中的白2）起到了劫材的作用。

白4提子后，黑棋此时不能立即于▲位反提白棋，必须在其他位置先下一着，白棋应后，方可反提，否则白棋可在▲位连接，这样黑白双方的角色发生了互换。

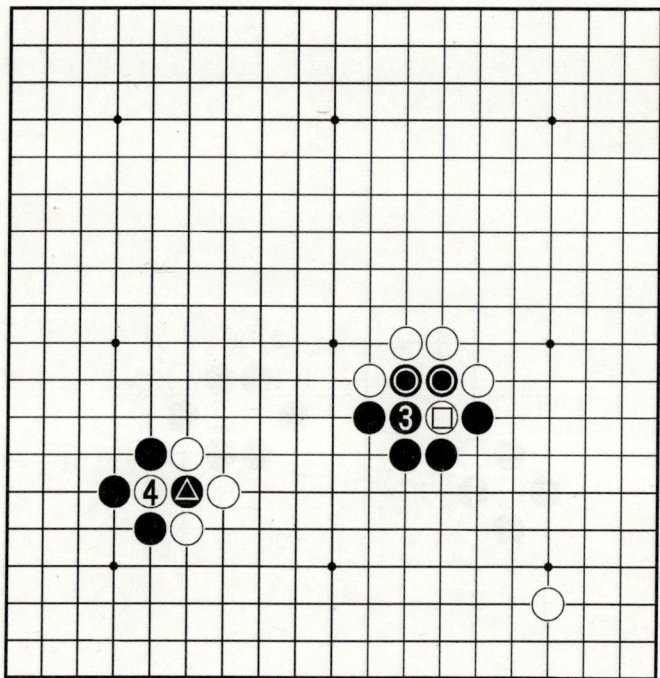

图6

图 **7**　*反提劫*

其后黑 5 如果打吃，白 6 应后，黑 7 可以反提劫。

类似这种双方使用劫材，对方应后，再提劫的过程称为"劫争"。

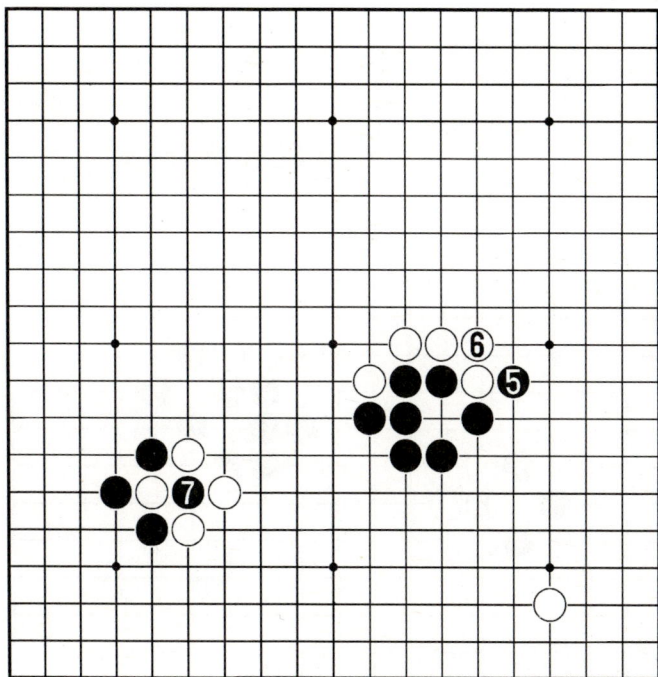

图 7

图 8　消劫与打劫的代价

白棋如果想赢得打劫，应该如何下？

黑5打吃（使用劫材），白棋如果不应而下成白6连接，白棋的下法称为"消劫"。白棋消劫后，黑棋会如何反应？

黑7可以提白棋一子，当然收获不小。但白6连接后，白棋变得十分坚实，其后白8可以打吃黑棋一子，压制左侧的黑棋，以后白棋还有a位双打吃的手段。

在打劫的过程中，任何一方在对方使用劫材时，如果不应而消除劫争，打劫即告结束。结果是使用劫材的一方得到了连续两次（黑5和黑7）下棋的机会，而消劫的一方所获取的利益是白8。在打劫中取得更大利益的一方才是真正的打劫获胜者。

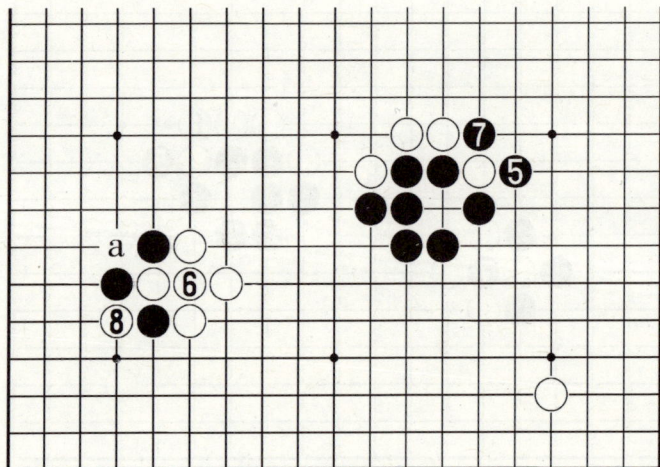

图8

图 9　与死活相关的打劫

图中白 1 提子是打劫的棋形，目前黑棋在 a 位已有一个完整的眼，b 位由于白△的关系，还不是完整的眼。黑棋要想活棋，必须在 c 位提子后在 1 位连接，才能使 b 位变成一个完整的眼；黑棋如果不能在 c 位提子，黑棋将不能活棋。

此时打劫变成了黑棋活棋的唯一途径，黑棋在其他位置使用劫材，白棋应对后，黑棋可在 c 位提子。

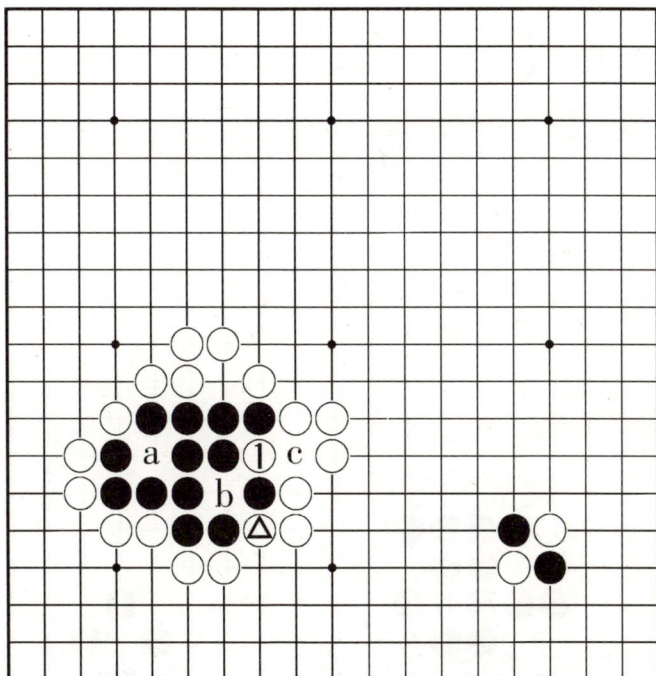

图 9

图 10　连续两次下棋

黑1打吃，在右侧使用劫材。白棋为吃左边的黑棋大龙，白2连接，同时消劫。黑棋由于b位是假眼大龙不活，黑棋无奈，只好下黑3提子。

黑1、3连续在右侧下了两手棋，并不违反不能同时下两手棋的规则，因为白棋在其他地方也下了棋。

结果是白棋吃掉了一大片黑子，黑棋只提掉白棋一子，从数量上来说，黑棋吃亏，但事实并非如此。黑1、3开花威力很大，围棋格言所指的"中间开花30目"即是指这一棋形。

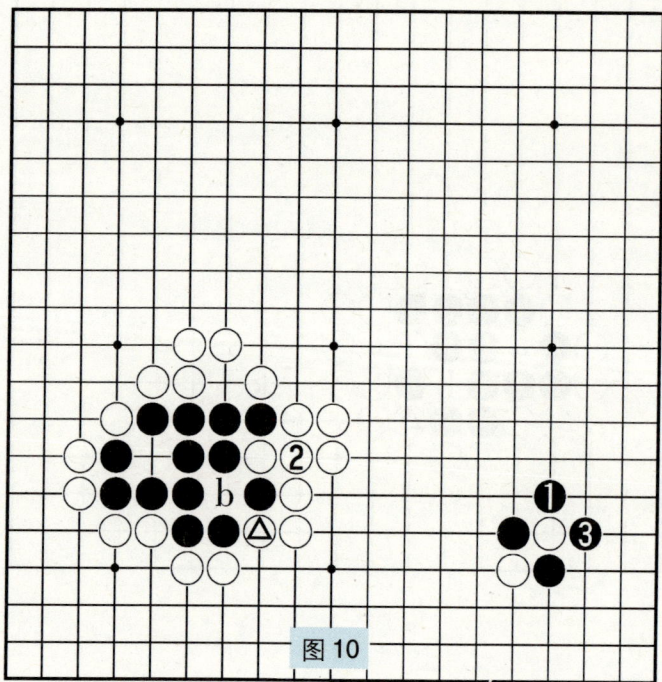

图 10

图 **11**　本劫

黑棋如果一定要救活左侧的大龙,可以考虑黑 1 打吃,白棋如果不应,黑棋提子后可以突破白棋的包围,因此白 2 必须连接。

这种处于打劫内部的劫材称为"本劫",由于本劫对方必须补棋,因此是劫争中十分重要的劫材。其后黑 3 可以提子,现在该轮到白棋使用劫材了,白棋可以考虑在右侧使用劫材。

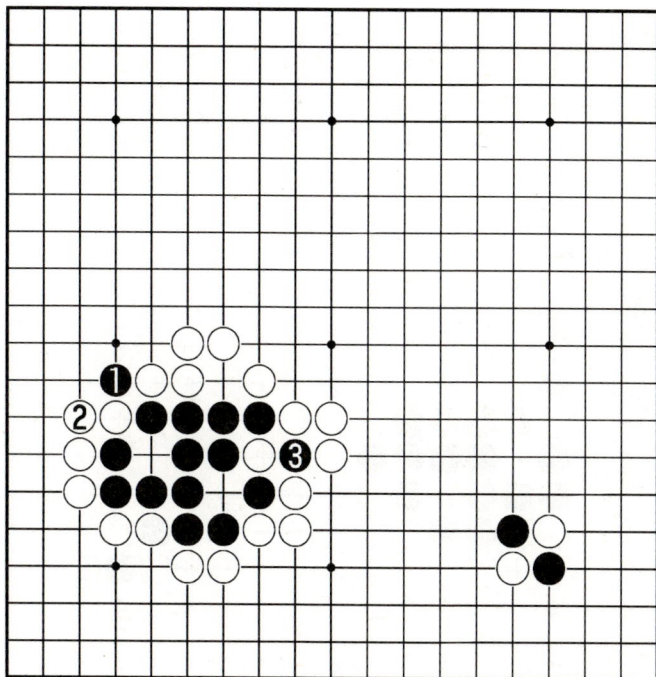

图 11

图 *12*　寻求补偿

　　白4打吃，使用劫材。黑棋由于没有好的劫材，只能于黑5消劫确保b位的眼位，而白棋所获的补偿是白6提子，白棋可以满足。

　　黑棋大龙虽然活棋，但其收益还不及白棋连续两次在右下侧下棋的收获大，这种打劫的结果是"死棋变活，活棋下死"。

　　结论是在打劫时，劫材多的一方以及劫材大的一方处于有利的地位。打劫的价值和对劫材的价值判断将会影响到打劫的成败。

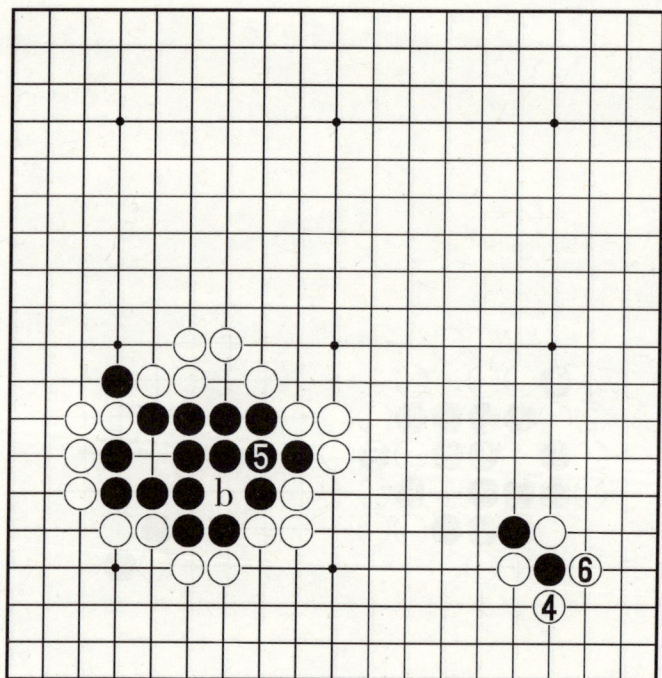

图 12

对　攻

黑白双方相互纠缠、相互围攻的局面称为"对攻"。

图 13　赢者是谁?

图中黑白双方相互纠缠，而且又紧靠二路和一路，二者之中必有一方是死棋，此时到底赢者是谁?

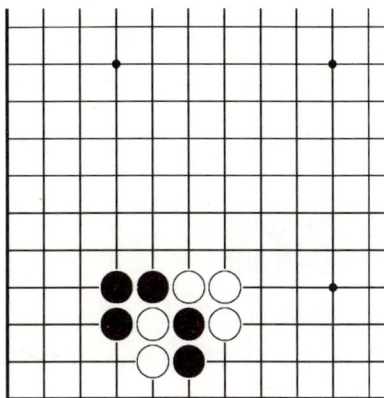

图 13

图 14　先下手者取胜

本图的棋形肯定是谁先紧气，谁就有利。黑棋如果先下，黑 1 先打吃，白 2 如果也打吃，黑 3 可以提子，结果黑棋快一步。这种为吃对方棋子，而减少对方棋子出路的下法称为"紧气"。

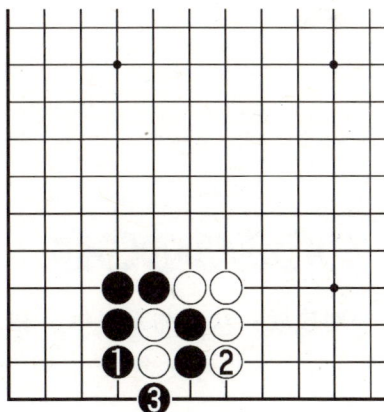

图 14

图 15 气数相同时

黑■三子与白□三子处于对攻战的状态，此时应首先数气，黑■在 y 位有 3 口气，白□在 x 位也是 3 口气，双方的气数相同。

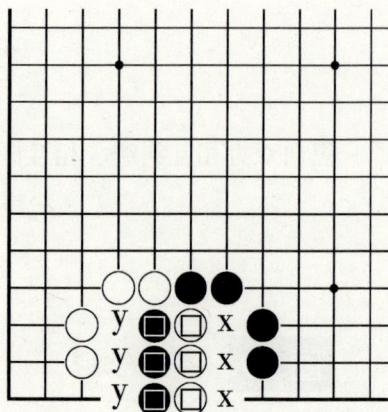

图 15

图 16 先下取胜

假定黑棋先下，黑 1、白 2、黑 3、白 4 交替进行后，黑棋快一气，黑 5 提子后，黑棋取得对攻战的胜利。

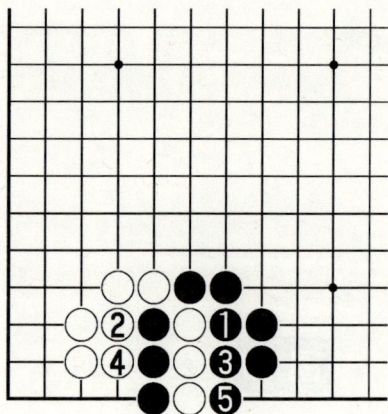

图 16

围棋知识小贴士

对攻战：双方相互纠缠、相互围攻的局面称为"对攻战"。

图 17　气不对等时

黑●四子与白◎四子处于对攻的状态，x 位是需要紧气的位置，白棋先下，谁会更快？

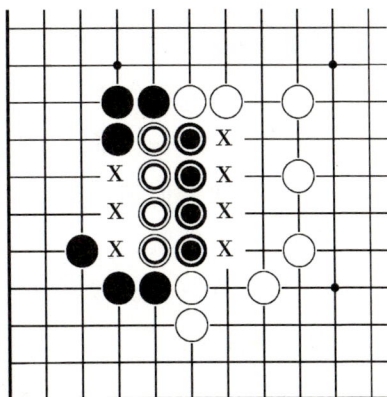

图 17

图 18　气多的一方取胜

白 1 开始紧气，黑 2 后，白 3 继续紧气，黑 4 率先打吃，白 5 后，黑 6 可以提子，白棋在对攻中失利。

虽然白棋先下，但由于起始时黑棋有 4 口气，白棋只有 3 口气，黑棋比白棋多 1 气。对攻中黑棋比白棋快一气，因而黑棋取胜，双方起始的气相同时，先下的一方取胜。

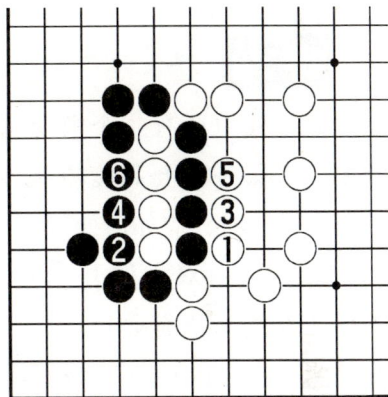

图 18

围棋知识小贴士

战斗： 围棋中黑白双方围绕着围地，棋子相互间所发生的冲突。

117

图 19 保留劫材

图中黑棋虽然先下，但进行至白4，黑棋因少一气而失利。对局中如果出现类似情况，黑棋没有必要将气全部紧完，可以暂时予以保留，待其他地方打劫时，作为劫材使用。

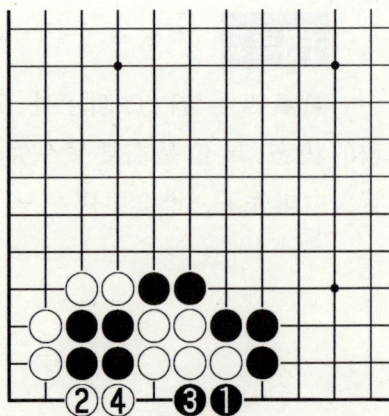

图 19

图 20 共气的使用

对攻战中还有一个情况特别重要，大家一定要高度重视，即双方有共气时，应如何处置？

图中黑白双方展开了对攻，黑棋在外侧 x 位有 2 口气，白棋在外侧 y 位也有 2 口气，z 位是双方的共气，此时双方应如何利用共气？

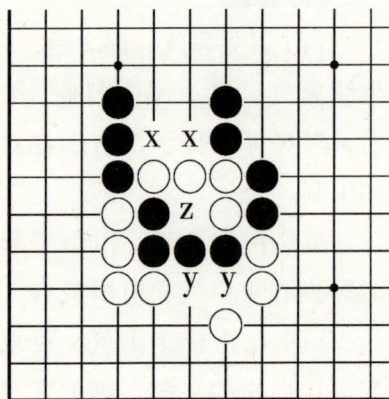

图 20

围棋知识小贴士

打劫：对局双方从"开劫"、"提劫"、"找劫材"、"应劫"、"再提劫"直至最后劫被解消的全过程。

图 21　先紧外气，后紧共气

黑棋如果先下，黑 1 应先紧外气，在外气全部紧完后，再紧图 20 中的 z 位（本图中的 5 位）。

先下的一方，在紧完外气后，再紧共气，可以取得对攻战的胜利。

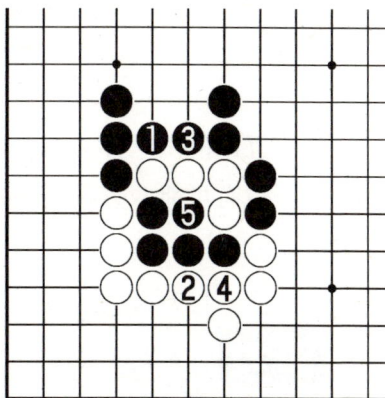

图 21

图 22　自杀行为

黑 1 如果先紧共气，会出现什么情况？

白 2 可以打吃，黑 3 后，白 4 可以提子，对攻战的结果发生了逆转，黑棋的这种下法称为"撞气"。

因此对攻战中应先紧外气。

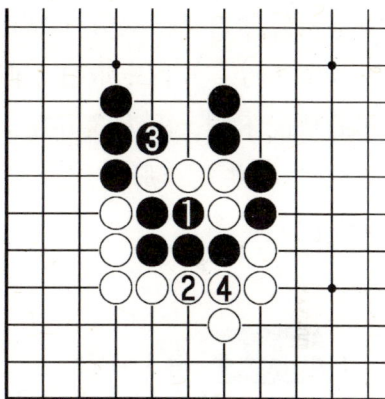

图 22

围棋知识小贴士

受子：让子棋中被上手让若干个棋子的下手一方，称为"受子"，一般含有接受指导之意。

双　活

双方互围的棋子都无两个眼，处于对杀状态时，一方可能杀死另一方，也有可能双方都是活棋，对杀中双方都是活棋的情况就是"双活"。

图 23　有 2 口共气

黑白双方处于对杀状态，黑棋要紧的气是 x 位的 3 口气，白棋要紧的气是 y 位的 3 口气。如果是一般的对杀，双方气数相同时，先下的一方肯定取胜，但本图的情况不同，因为双方在 z 位还有 2 口共气，那么结果会如何呢？

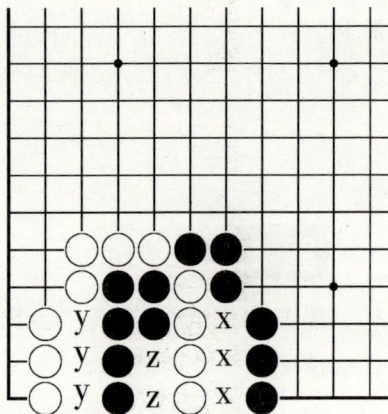

图 23

图 24　自杀行为

黑棋如果先下，黑 1 先紧共气是自杀行为，也就是自己撞气。白 2 开始紧外气，以下进行至白 8，白棋可吃黑棋，原因是黑 1 撞气。

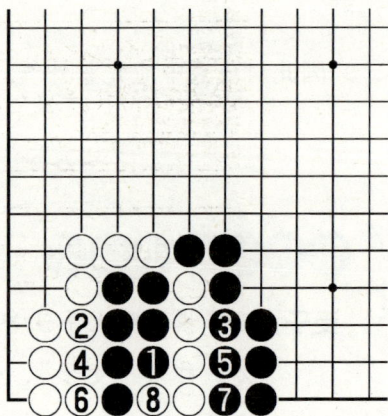

图 24

图 25　正确的下法

　　黑 1 先紧外气是正确的下法，白 2 同样紧外气，下至白 6，双方的外气紧完，此时异常情况出现了，黑棋虽然先下，但结果与想象的不一样。

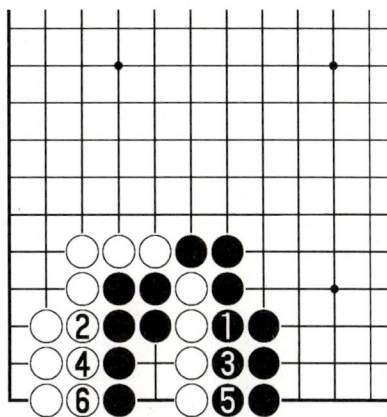

图 25

图 26　后续进行 1

　　其后黑棋如果执意吃白棋，采用黑 1 打吃是否可行呢？回答是不行，白 2 可以直接提黑棋。

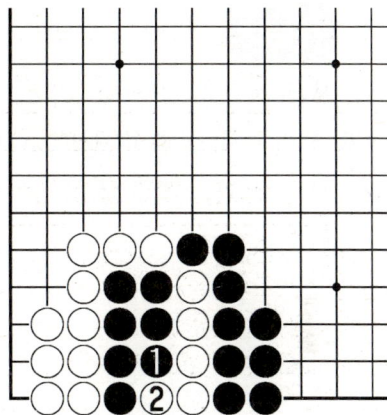

图 26

围棋知识小贴士

双活：一种特殊的活棋形式，双方互围的棋子均无两个眼，形成彼此不能提取对方的局面，双方都算活棋，称为"双活"。

图 27　后续进行 2

白 1 如果打吃黑棋，结果也一样，黑 2 可以直接提白棋。所以现在的结果是谁也吃不了谁。

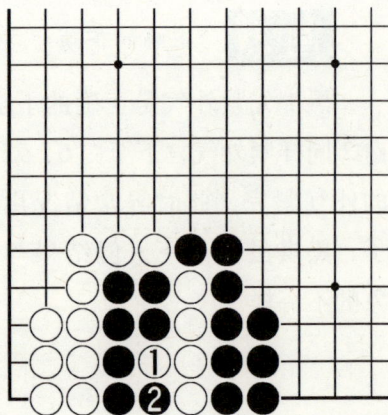

图 27

图 28　结论——双活

从图 26、27 中可以发现，黑白双方在两个 z 位均不能下子，双方都是活棋，这就是我们说的"双活"。

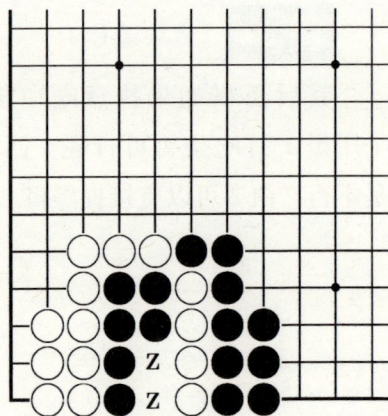

图 28

围棋知识小贴士

盘角曲四：围棋术语，角部死活的基本形状之一，通常作为死棋处理。

图 29　双活的代表类型

A 图中黑白双方各有 3 口外气，有 2 口共气，是最基本的双活棋形，比较容易判别。

B 图中黑白双方有 3 口共气，比 2 口共气多，因此也具备双活的条件，双方的外气均有 4 口，结论是双活。

C 图中黑白双方虽然只有 1 口共气，但在 a 和 b 位各有一个眼，所以也是双活。

D 图中虽然黑白双方有 3 口共气，但双方外气的差别很大，结论不是双活。

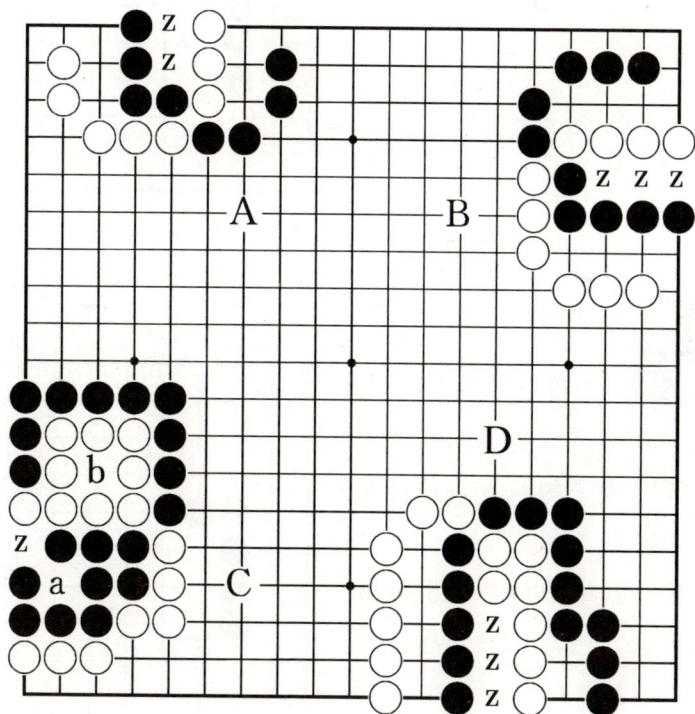

图 29

4. 行 棋

各类联络

通过前一段时间的学习，我们可以感觉到联络的重要性，本节我们对各类联络的形态和方法进行集中学习。

图 1 联络的方法

黑棋 a 位存在断点，现在黑棋应如何联络？

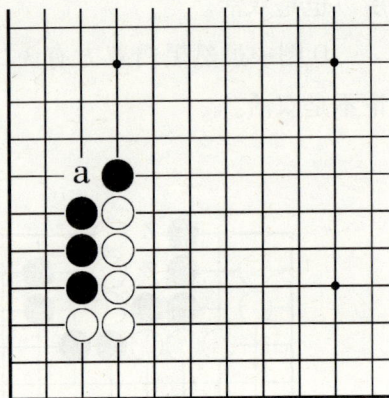

图1

图 2 最简单的方法：连接

黑1连接是最简单的联络方法，这种将棋子的断点直接连起来的方法称为"连接"。

连接是联络中最基本也是最直接的方法，白△也是连接，另外还有一些其他方法。

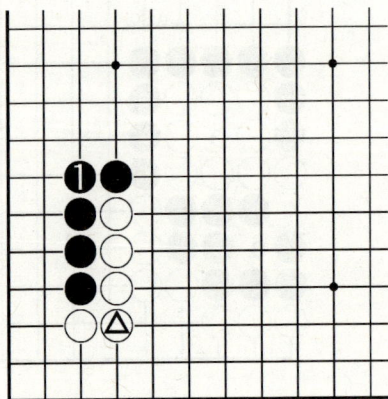

图2

图 3　虎

黑 1 也是联络的一种，这种联络方法称为"虎"，意思是黑 1 与其他黑棋形成了虎口的形状，白棋如果在 a 位下子，黑棋可以直接提子。黑 1 虎是很好的联络方法。

这种给对方设置陷阱的联络方法称为间接联络或护断。

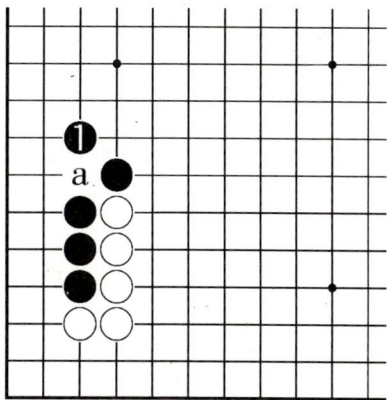

图 3

图 4　其他的虎

黑 1 也是虎的下法，白棋同样不能在 a 位下子，否则黑棋可在 b 位提子。

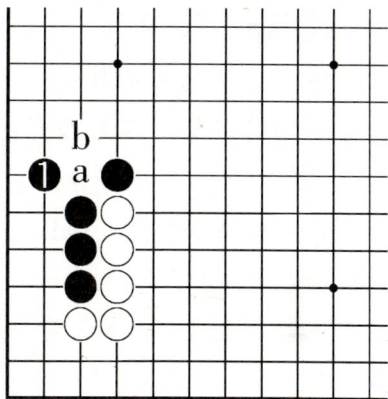

图 4

围棋知识小贴士

十段：日本的一个棋战的名称。

图 5   两个断点

本图中黑棋的断点有 a 和 b 位，此时黑棋应如何联络？

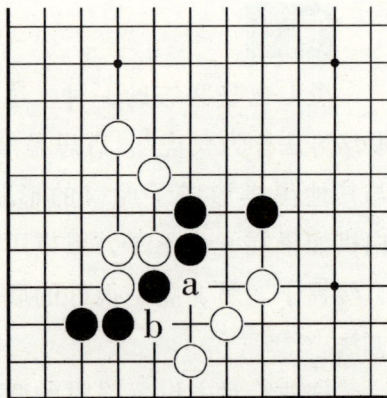

图 5

图 6   直接连接

黑 1 连接是最简单的下法，但白 2 仍可以断。黑 1 若下在 2 位，白棋仍可在 1 位断，因为白△可以发挥特别作用。所以直接连接不能同时消除本图中黑棋的两个断点，黑棋应寻求更好的下法。

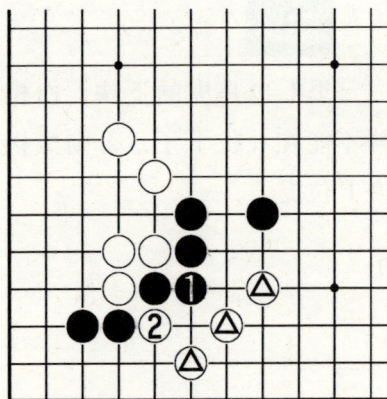

图 6

围棋知识小贴士

斗笠四：基本死活之一。一块棋被包围，其眼位是"丁"字形状的四个交叉点，称为"斗笠四"。

图 7 一子解双愁

黑棋正确的下法是黑 1 虎,
黑棋可以同时消除 a 和 b 位的断
点。这种同时可以解决两处弱点
的下法是十分高效的联络。

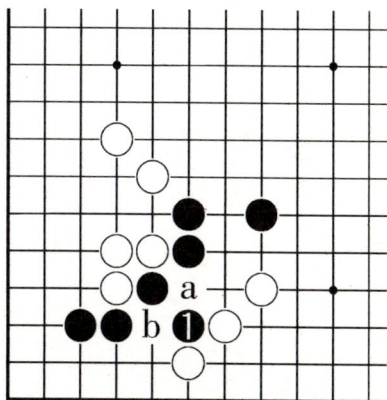

图 7

图 8 其他联络方法

白棋如果在 a 位切断,黑 ⬤
两子将被吃。现在黑棋先下,黑
棋是在 a 位直接连接,还是寻求
其他下法?

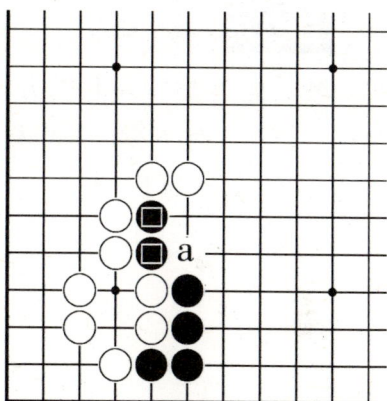

图 8

围棋知识小贴士

花聚五: 基本死活之一。一块棋被包围,其眼
　　　位是花朵形状的五个交叉点,称为
　　　"花聚五"。

127

图9　最原始的联络

黑1直接连接是最简单的下法，白棋对黑棋没有任何手段，但黑1的下法多少有点愚笨，效率不高。

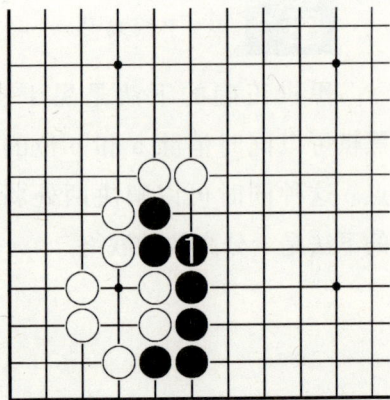

图9

图10　虎的联络

黑1虎也是一种联络方法，白棋不能在 a 位下棋。但黑棋是否还有更具效率的下法呢？

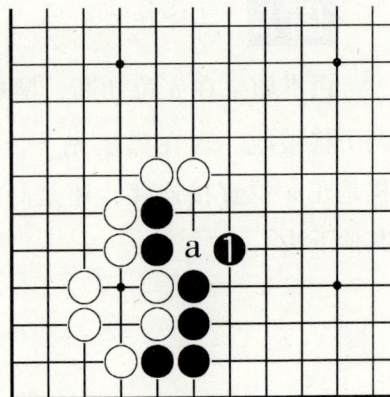

图10

围棋知识小贴士

直四：基本活棋之一。一块棋被包围，其眼位是直线形状的四个交叉点，称为"直四"。

图 11　效率不高的虎

黑 1 从上侧虎也可考虑,但白 2 打吃后,黑棋有点痛苦。黑 3 连接后,黑棋过于拥挤,棋子的效率不高。

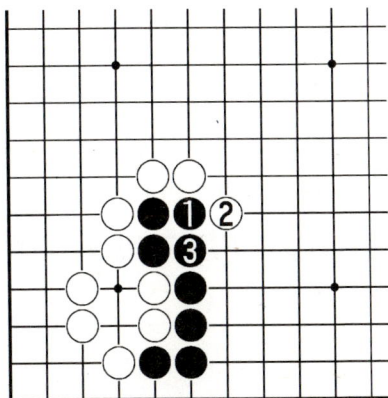

图 11

图 12　因地制宜的联络

黑 1 联络,是根据图中双方棋形制定的灵活下法。"棋要下得好,棋形一定要保持得好",这是韩国围棋的先驱赵南哲先生反复强调的理念。现在白棋还能不能在 a 位切断呢?

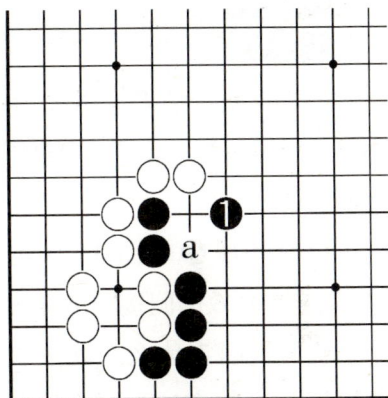

图 12

围棋知识小贴士

贴目: 在分先的情况下,因黑方先行有利,规定终局计算胜负时,黑方必须贴还白方一定的目数,作为给后走一方的补偿。

图 13　征子

其后白 2 如果切断，并打吃黑棋两子，黑 3 连接，白 4 如果长，黑 5 打吃，以后黑棋可以征吃白棋。以下进行至黑 9，白棋无处可逃。

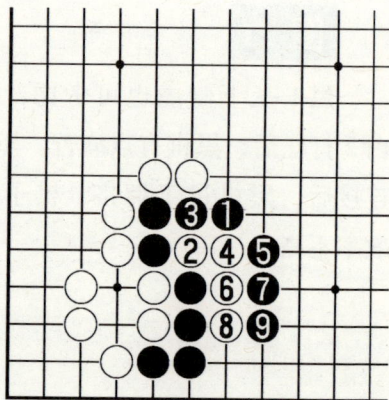

图 13

图 14　高效的间接联络

白 2 打吃，结果与图 13 大同小异。以下进行至黑 9，白棋同样无法逃脱。

结论是黑▲（图 13 中的黑 1）是非常高效的间接联络方法。

至于我们为什么在此隆重介绍间接联络的方法，因为这与以后我们要学习的棋子的效率和做眼有密切的关系。

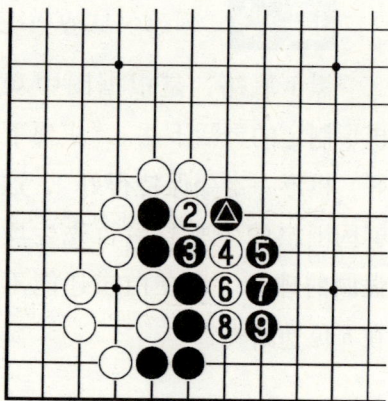

图 14

图 15　点的手段

本图中的白棋欲切断黑棋,于是下了白△威胁黑棋,白棋的这一下法称为"点"。

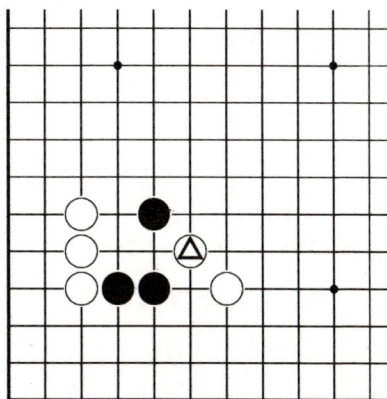

图 15

图 16　最简明的联络

黑 1 连接是最简明的下法,除此之外,黑棋是否还有其他的联络方法?

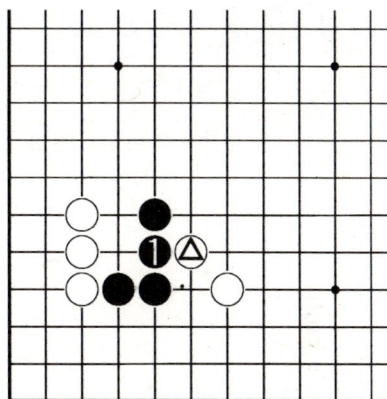

图 16

围棋知识小贴士

手筋:通常指双方棋子接触中有明显效果的扼要之着。

图 17　间接联络的代表：双

黑1也是一种很好的联络方法，由于白棋不可能连续下出 a、b 位两手棋，因此黑棋的联络没有任何问题。

黑1的下法称为"双"，意思是有两个棋子并列在一起。

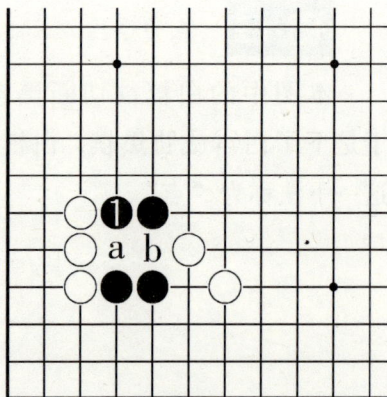

图 17

图 18　阻止分割的联络方法

白△时，黑棋有被一分为二的危险，此时黑棋应该如何联络？

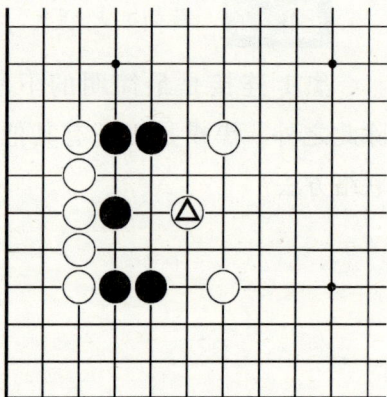

图 18

围棋知识小贴士

渡过： 在对方棋子的底部下一着，使己方两部分棋子从接近棋盘的边线处取得联络。

132

图 19　直接连接

黑 1 直接连接，白 2 可以冲断黑棋，其后黑 3 挡，白 4 可以切断。其中黑 1 如果下在 2 位连接，白棋同样可在 1 位冲断，黑棋失败。

黑棋有没有更好的联络方法，从而做到不被白棋切断？

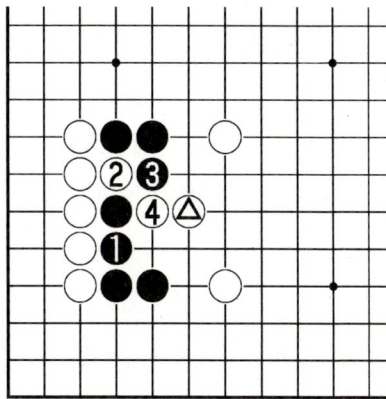

图 19

图 20　双的联络

黑 1 双，可以同时兼顾两块棋的弱点，一手棋可以实现上下联络。

"双"是效率很高的一种联络方法。

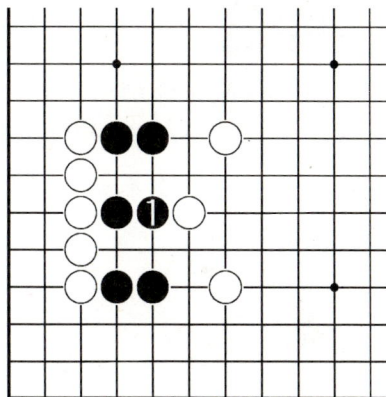

图 20

围棋知识小贴士

空三角：指一种效率低而又呈弯曲姿态的棋形。

图 21　六种联络方法

我们对各种间接联络的棋形进行了整理，供大家学习。

黑▲与黑■两子还没有完全实现联络，以后白 a、黑 b、白 c 进行后，白棋可以切断黑棋，黑棋现在联络的方法大约有六种以上。

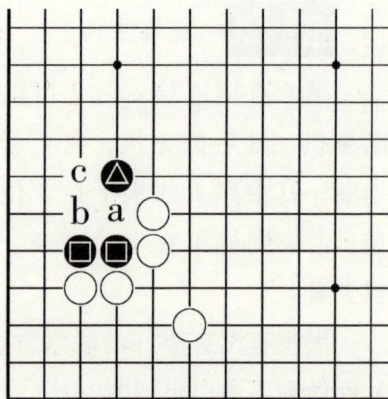

图 21

图 22　第一感：直接连接

黑 1 直接连接是第一感，这种连接虽然十分坚实，但以后黑棋在左边围地效率不高，因为白棋可以抢占 a 位。

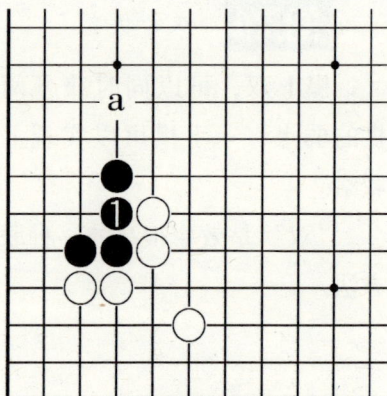

图 22

围棋知识小贴士

展开：指由角地向边地或由边地向边地扩张的棋形，在三路拆二是最基本的棋形。

图 23　双的联络

黑 1 双也是一种联络方法，白 a 如果冲，黑 b 连接后，黑棋同样十分坚实。黑棋的这一下法虽然比下在 a 位直接连接效率要高，但仍有白棋抢占 c 位的担忧。

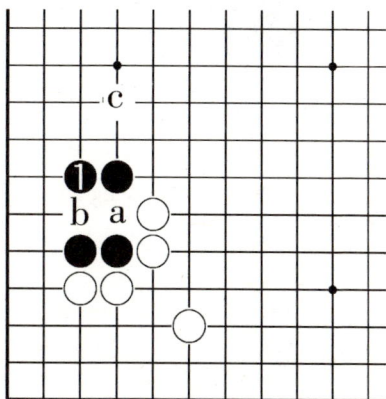

图 23

图 24　隐性联络

黑 1 也是一种联络方法，只不过比较隐蔽，不容易被发现，通过下图的后续分析，可以发现其奥妙所在。

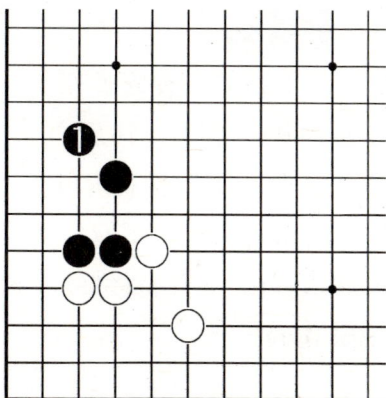

图 24

围棋知识小贴士

外势：由外围棋子组成的阵线，其特点是能形成一定的势力范围。

图 25 虎接的前奏

续上图，其后白 2 如果冲，黑 3 挡，黑棋在 a 位形成虎的棋形。即黑△是虎接的前奏，围棋中这种具有前瞻的下法十分重要。

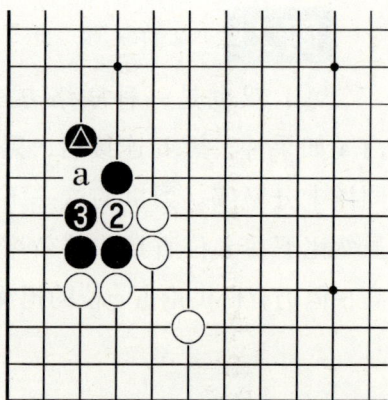

图 25

图 26 另一种隐性联络

黑 1 是另一种隐性联络，同样是虎接的前奏，其后白 a 冲，黑 b 应后，c 位是黑棋虎口。

前面我们介绍了双、虎等四种联络方法，后面将继续介绍其他联络方法。

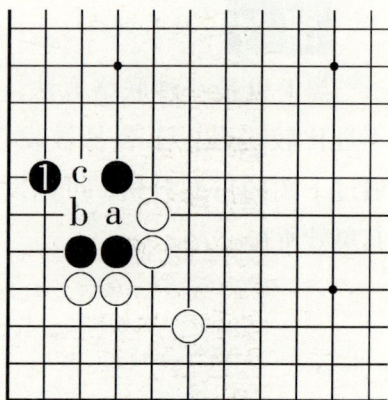

图 26

围棋知识小贴士

有眼杀无眼：当双方棋子杀气时，如彼此外气接近，有眼的一方往往处于有利地位，一般是有眼杀死无眼的敌棋。

图 27 更高层次的联络

以下所学的联络方法难度有点高，希望大家耐心学习。黑 1 并也是一种连接，后续进行见下图分析。

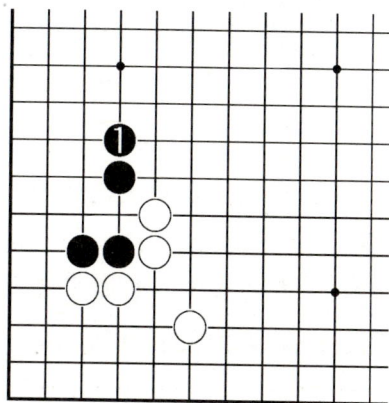

图 27

图 28 后续进行 1

其后白 2 冲，黑 3 挡，白棋由于不能在 a 位切断，黑棋自然实现了联络。

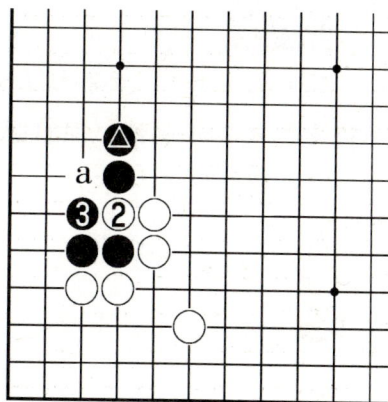

图 28

围棋知识小贴士

单跳： 在原有棋子的同一条横线或竖线上间隔一路下子。

137

图 29　后续进行 2

白 4 如果强行切断，黑 5 打吃后，黑 7 打吃，黑棋可以征子。黑棋之所以可以征子，是因为黑△发挥了决定性作用。因此黑△（图 27 中的黑 1）增加了 3 条出路，是深谋远虑的间接联络。

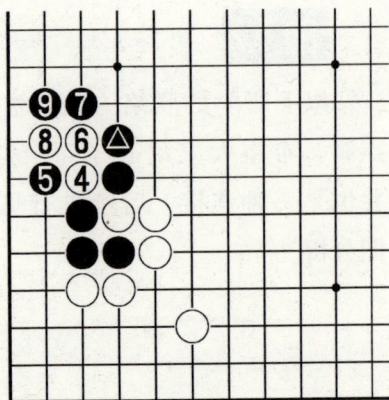

图 29

图 30　最高效率的联络

黑 1 小飞也是一种联络方法，不仅使黑棋实现联络，而且是最高效率的间接联络。

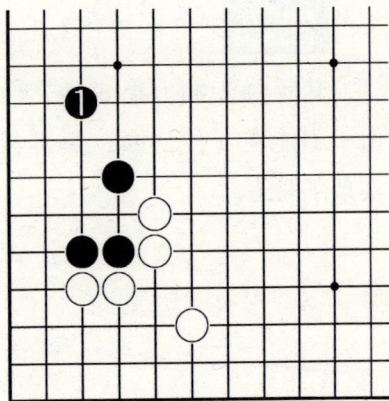

图 30

围棋知识小贴士

布局：一盘棋开始后对阵势的布置。

图 31   后续进行 1

续图 30,其后假设白 2 与黑 3 交换,白 a 切断能否成立,决定黑▲的下法是否成立。

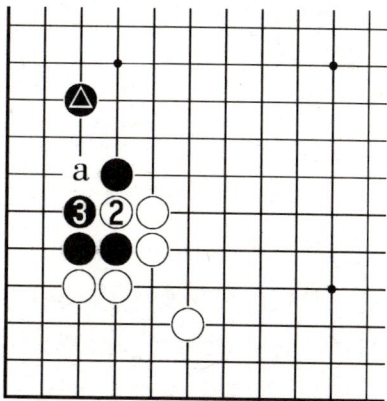

图 31

图 32   后续进行 2

其后白 4 切断,黑 5 打吃,黑棋同样可以征吃白棋。白棋切断后,黑▲具有引征的作用。通过以上分析,可以发现黑▲(图 30 中的黑 1)是最有效率的联络。

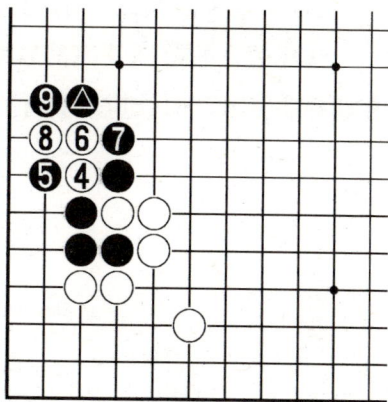

图 32

围棋知识小贴士

眼形:指容易做眼的位置。

图 *33*   围地与联络的

双重作用

俗话说"鱼和熊掌不可兼得",但黑1不仅可以实现联络,而且还具有围地的功能。黑1下后,黑棋可以确保 x 内至少6—8目的收益。本图中的联络具有围地的作用,可见其效率之高。

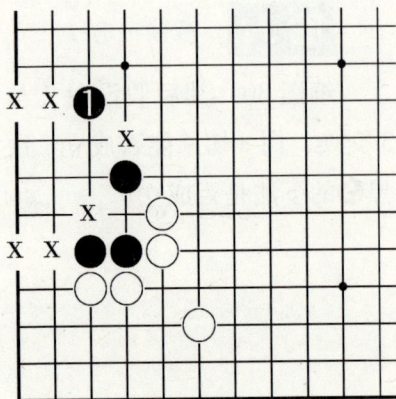

图 33

由于棋子周边情况的变化,可能产生多种高效的联络方法,我们通过以上原理的学习,应尽量利用高效的联络方法,使自己的棋子不被对方切断。

选择适宜的最具效率的联络方法是围棋实力的具体体现,不过在选择联络方法时,应认真计算、不留后患。

围棋知识小贴士

目:计算地域的价值单位,由活棋围成的地域称为目,每在围棋盘上多围一个交叉点,即多得一目。

棋子的逃跑

如果己方棋子被对方围困，除了弃子此时可做的选择不外乎两种，一种是就地做活，另一种是设法逃跑。

图 34　黑棋被困

黑 ● 四子被白棋围困，形势十分危险，白棋于 a 或 b 位封锁后，黑棋应如何应对？

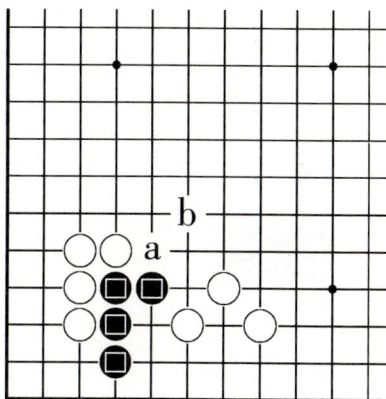

图 34

图 35　就地做活

白 1 封锁后，黑棋只好就地做活，否则只能束手就擒。不过黑棋在做眼之前，还须东奔西走一下，这样才可能做成两眼，所以黑棋应尽量在白 1 封锁之前，实现逃跑。

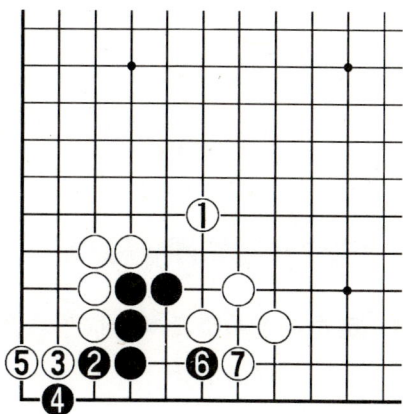

图 35

图 36　步伐太慢

黑1逃跑步伐太慢，白2封锁，以后黑a时，白b挡，黑c时，白d挡，黑棋无法逃脱。

类似黑1这样的下法动作太慢，不利于逃跑作战。

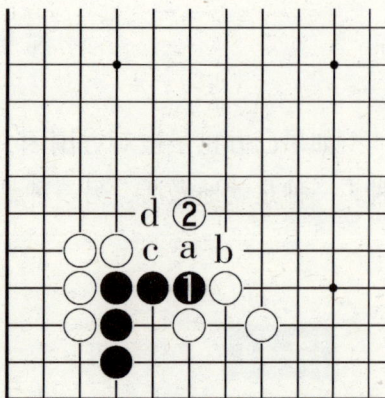

图 36

图 37　中腹出头

黑1向中腹出头是不错的选择，由此可以打开出路，以后白a拦截时，黑b可以联络，不过仍要小心。

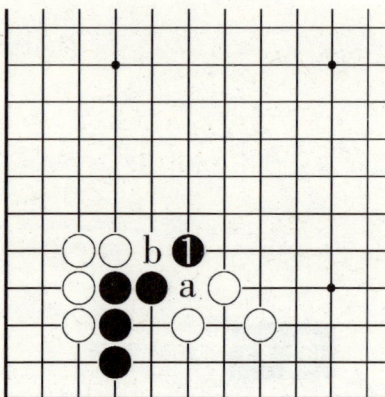

图 37

围棋知识小贴士

定式：布局阶段双方棋子在角部接触中双方认可的着法。

图 38　黑棋再次被封

其后白 2 封锁时，黑 3 扳不好，白 4 切断，以下进行至白 8，黑棋仍然被封。

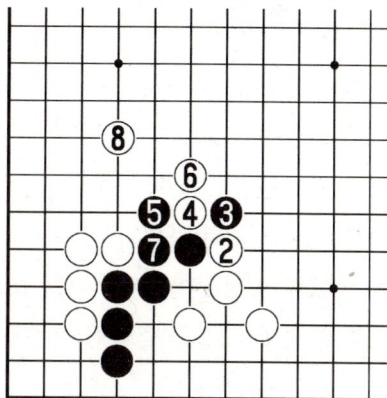

图 38

图 39　成功逃脱

图 38 中的黑 3 下成本图中的黑 3 挺头是好棋，白 4 时，黑 5 继续长，黑棋由此可以彻底逃脱。

黑棋如果彻底逃脱，会对白棋实施反击，因此白棋会寻求其他变化。

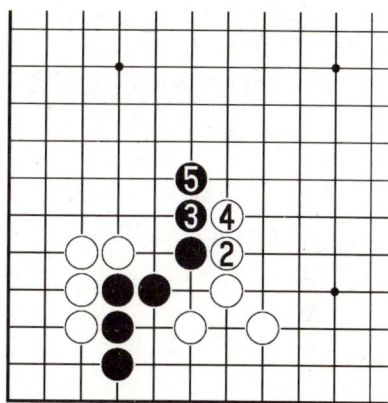

图 39

围棋知识小贴士

阵：指棋的形状。

图 40　中腹突破

白 2 阻止黑棋出头，黑棋没有必要紧张，黑 3 尖出即可。白 4 时，黑 5 应，白 6 时，黑 7 应，白棋绝对无法切断黑棋。

黑棋在逃跑时，能如此在中腹取得突破并出头是最好的手法。

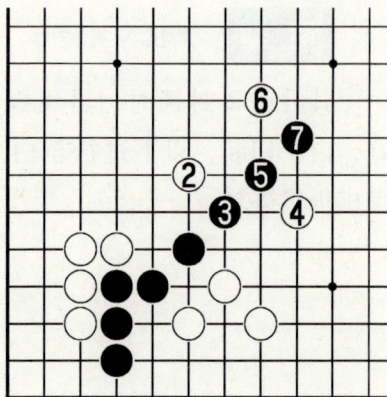

图 40

图 41　边地的逃跑方法

以下分析边地的逃跑方法。

左侧黑■四子要想获救，必须对右侧的黑▲加以利用，请问黑棋应如何下？

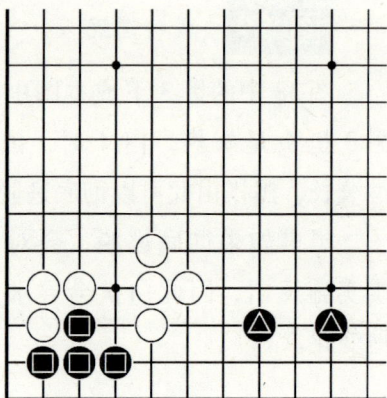

图 41

围棋知识小贴士

局：围棋对局量的单位。

图 42　黑棋失败

黑 1 长是错误的下法，白 2 正好虎挡，以后黑棋无处可逃。黑 3 试图做眼，但白 4、6 破眼，黑 7 提子后，白 8 长，黑棋既不能逃跑，也不能就地做活。

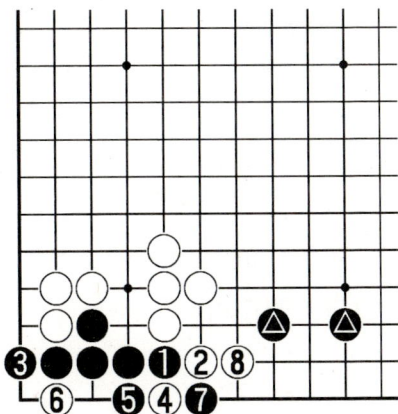

图 42

图 43　跳过

黑 1 渡过是正确的下法，左侧黑棋由此可以与黑△实现联络，从而成功逃脱。

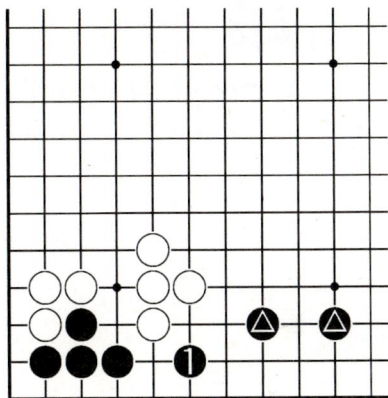

图 43

围棋知识小贴士

劫材：与双方劫争成败有直接关系的基本条件。

图 **44**　逃跑成功

白棋如果于 2 位冲，试图切断黑棋，黑 3 挡后，黑棋成功实现联络。以后白 4 时，黑 5 挡即可。黑△在渡过的过程中发挥了十分重要的作用。

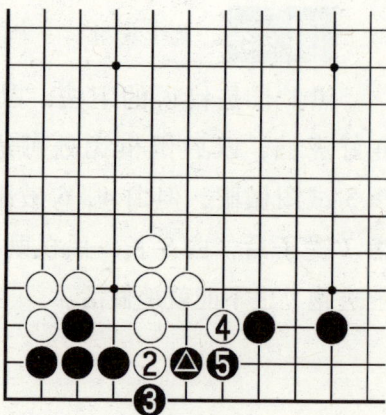

图 44

图 **45**　切断不成立

白 2 冲后，白 4 寻求变化，白棋的目的仍是试图切断黑棋。此时黑棋根本没有必要紧张，黑 5 可以反断白棋，以下进行至黑 9，白棋两子被俘，因此白棋的切断不成立。

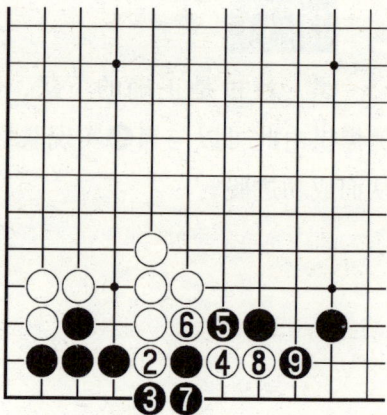

图 45

围棋知识小贴士

局面：围棋进行中的场面或形势。

图 46　渡过的各种类型

下图是实战中出现的边地的逃跑棋形，黑 1 下后，黑棋均成功实现了渡过。

其后白 a 或白 b 试图切断，均不能成立，请大家亲自在棋盘上摆一下。

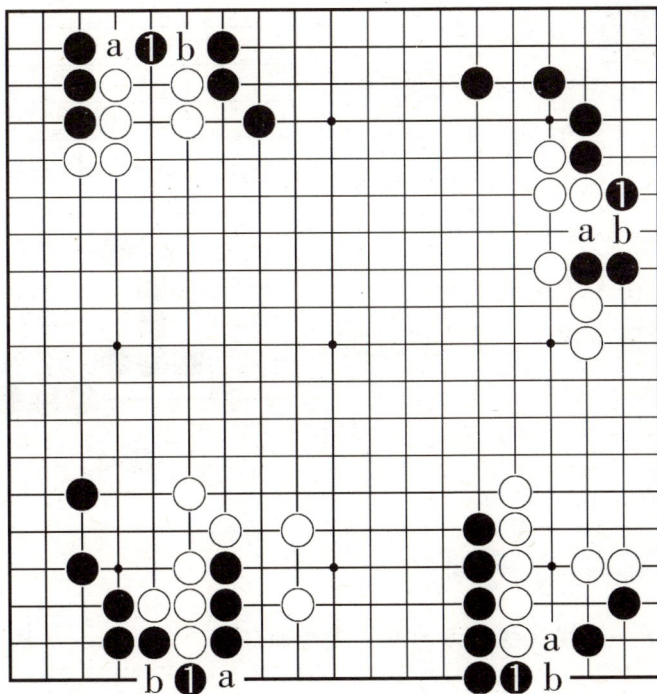

图 46

图 47　逃无可逃时

黑◉五子完全被封，黑棋要是放弃言之过早，此时黑棋应如何应对？

既然黑棋的中腹出头已经被封，与友军实现联络也不可能，此时黑棋要想活棋，唯一的方法是攻击对方的弱点。

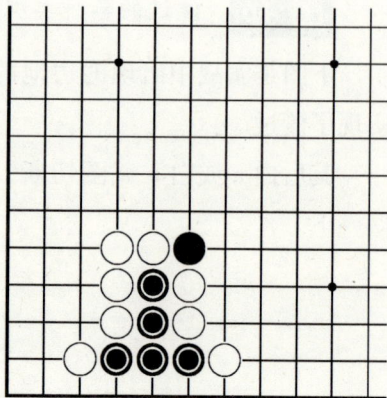

图 47

图 48　错误下法

黑棋在无法出头的形势下，通过黑 1、3 在下边挣扎，徒劳无功，下至白 8 长，黑棋的损失更大。

在实在无法挽救的时候，一定要尽量减少损失，并为以后保留好劫材。

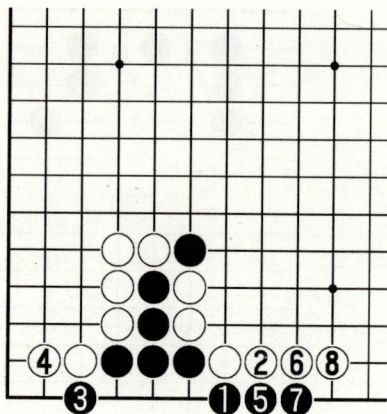

图 48

围棋知识小贴士

点： 下一着棋窥视对方的断点或薄弱环节。

图 49　攻击对方的弱点

封锁黑棋的白棋是否也存在弱点？黑 1 断打，白 2 反打时，黑 3 长，白棋必须救白△，于是白 4 长，黑 5 再长，其后黑棋可在 a 位征吃白棋三子。

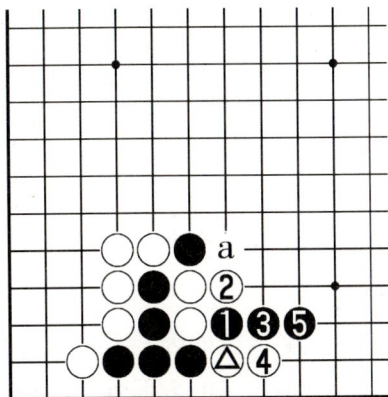

图 49

图 50　突破包围圈

其后白棋为防止被征，于白 6 补棋，黑 7 挡后，白△两子被吃，黑棋从而可以突破白棋的包围圈。

通过对棋子逃跑方法的整理，可以发现棋子的逃跑方法有以下三种：一是向中腹出头，二是与周边的援军实现联络，三是利用对方的弱点，突破对方的包围圈。

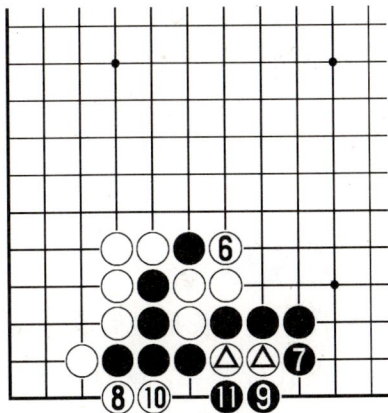

图 50

行棋的基础

在初盘阶段，正确掌握"棋子的运动"十分重要，棋子的运动可称为"行棋"。行棋的方法有很多种，其中最重要的事项是要根据周边的情况，选择行棋的方法，围棋运动本身就是行棋行为的反复延续。

影响行棋的因素有以下几种，一是棋子的效率，二是棋子的联络，三是棋子的方向性。围棋是讲究效率的运动，高效的行棋，可以确保自己始终领先一步，从而可以更多地围地；而棋子只有保持联络才能确保棋子的安全；同时行棋的方向也十分重要，向中腹发展，棋子的发展潜力才能最佳，而向边地发展，棋子的发展潜力会受到限制。

图 51 长

图中黑1长是最简单的行棋，优点是比较坚实，缺点是步伐太慢，如非接触战，一般不使用。

长的下法，在棋子的联络方面可达到100分，而在棋子的效率方面肯定不及格，图中a、b、c的位置只是方向不同，内容与黑1相同。

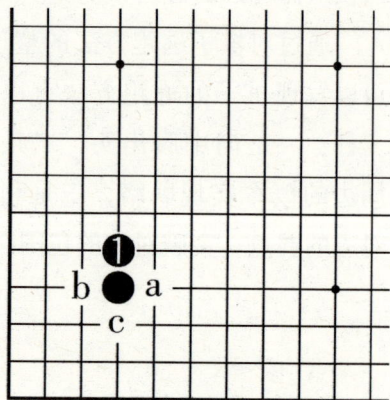

图51

图 52　尖

在原有棋子 45°方向上的黑 1 是"尖"的下法,图中 a、b、c 的位置均是尖的下法。

尖的下法比较坚实,在棋子的联络方面可达 90 分,但在效率方面不是很高。

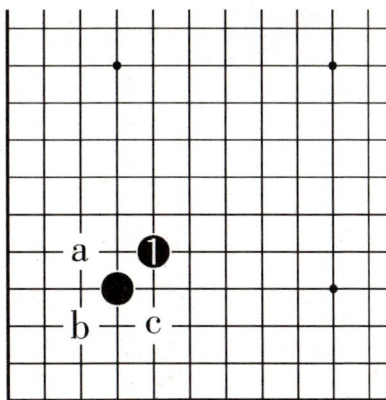

图 52

图 53　单跳

本图中的黑 1 是跳,由于与原有棋子只有一路的间隔,因而称为"单跳"。

单跳的下法兼顾了棋子的联络和棋子的效率,而且思路比较简单,因而是围棋中最常使用的行棋方式,黑 1 下在 a 位也是单跳的下法。

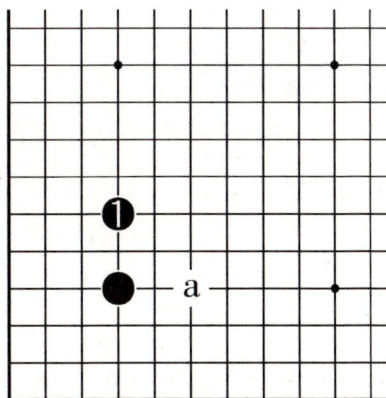

图 53

围棋知识小贴士

大龙: 一般指在棋局中尚未获得安定,可能受到对方逼攻、威胁的整块棋子。

图 54　二间跳

本图中的黑 1 是二间跳，比一间单跳步伐更快、效率更高，因而广泛使用。

二间跳非常便于在边地或角地围地，效率高是其最大的特征，不过在棋子的联络方面不及单跳坚实。

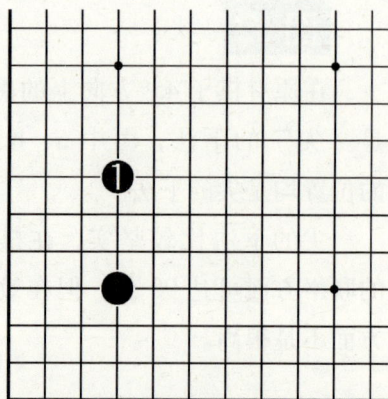

图 54

图 55　三间跳

本图中的黑 1 是三间跳的下法，由于在棋子的联络方面存在致命的弱点，因而不常使用。对方在 a 位打入后，棋子容易被分割。

三间跳的效果不及大飞，大飞的危险性要比三间跳小一些。

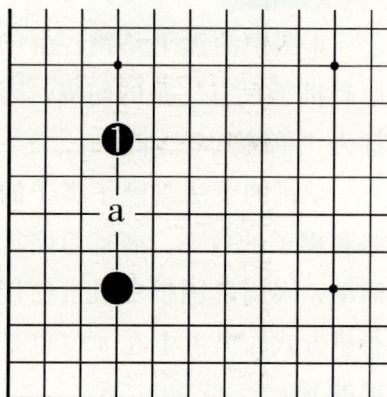

图 55

围棋知识小贴士

小飞： 在与原有棋子呈"日"字形的对角交叉点处下子。

图 56　小飞

棋子向斜前方的下法称为"走日步"，也称为"小飞"。小飞的下法兼备了效率和联络性，而且棋形很有弹性，因而十分常用，图中的 a、b、c 位都是小飞的下法。

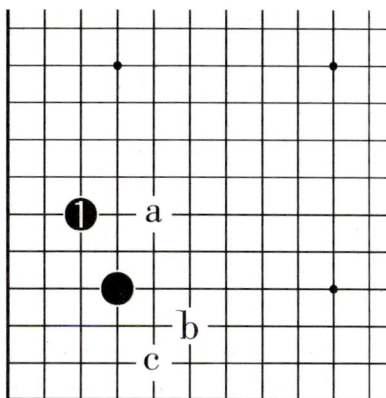

图 56

图 57　大飞

黑 1 比小飞更远一路的下法称为"走目步"，也就是"大飞"。大飞与小飞相比，步伐更快，效率更高，主要用于圈地，由于联络性稍差，作战时不常使用。

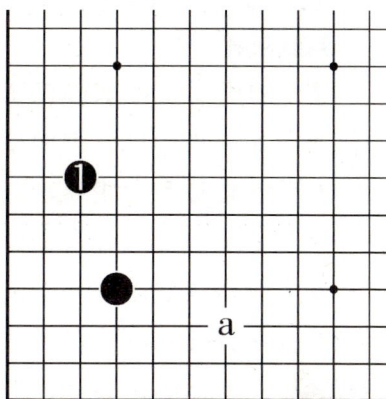

图 57

围棋知识小贴士

点目：形势判断的基本条件之一，计算双方所围地域的多寡以分析局势的优劣。

图 58 超大飞

黑 1 比大飞更远一路的下法
称为"超大飞"。超大飞与三间跳
一样，棋子的间隔太大，棋子的
联络性方面比较弱，因而在中腹
不常使用，而在边地的圈地中
常见。

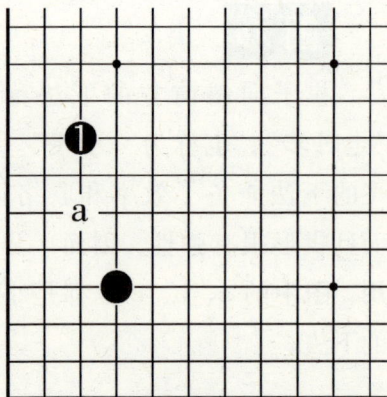

图 58

图 59 走象步

图中的黑 1 与原来的棋子形
成汉字"田"的形状，因而称为
"走田字"，也称为"走象步"，a
位是其致命弱点，对方占据此位
置有穿象眼的说法。这一下法在
棋子的效率方面并不比单跳和小
飞好多少，因而不常使用，但在
棋形方面弹性和柔韧性较好，主
要用于迷惑对方。

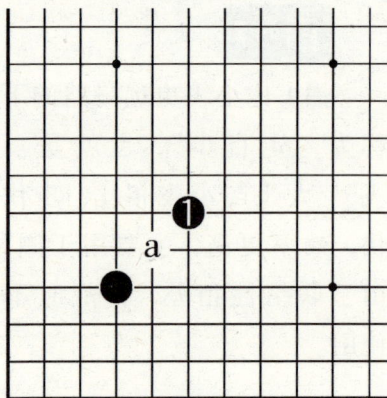

图 59

围棋知识小贴士

实利：即实际利益，围棋中主要指已占有的地
　　　域。

图 60　典型的行棋手法

　　下图中是经常出现的一些行棋手法，A 图中的黑 1 尖是冲破白棋包围圈的手法，而 B 图中的黑 1 单跳是向中腹出头的手法。C 图中的黑 1 小飞是缔角的手法，D 图中的黑 1 二间跳是拆边的手法。至于何时选择何种行棋手法，要根据棋局的进展情况，灵活确定。大家可通过欣赏高手的实战对局，以增强这方面的经验。

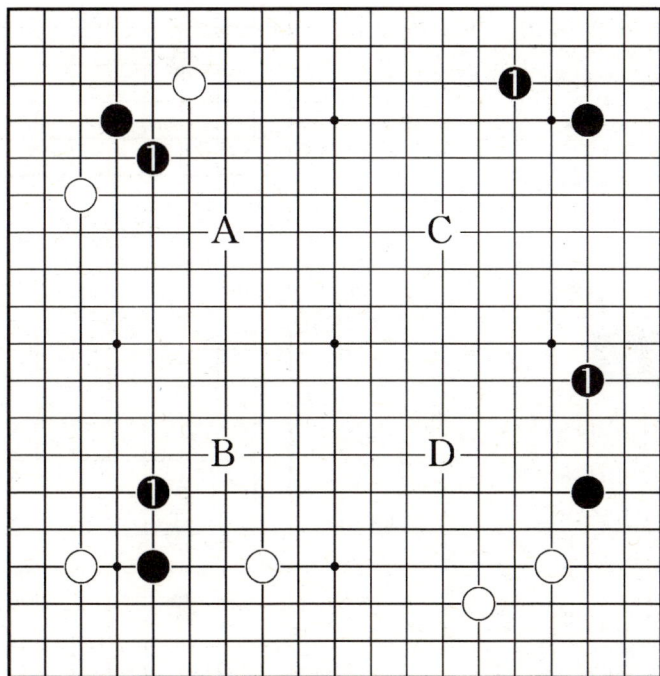

图 60

接触时的行棋

在上节中我们学习了行棋的基本要领，现在我们学习行棋的具体下法，下面试举一些代表性下法。

图 61 靠

黑棋占星位时，白△小飞挂，意图是阻止黑棋围地，黑棋如果不理，白棋将占主动权，于是黑1下在了白△的旁边，黑1的下法就是"靠"，此时白棋应如何下？

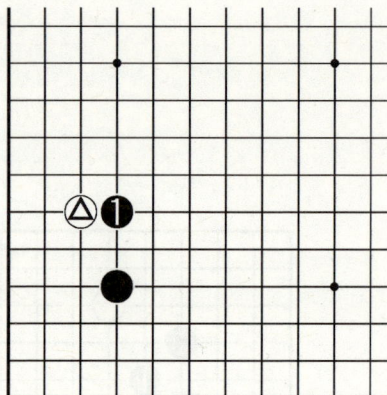

图 61

图 62 扳

图61进行以后，白棋如果不应，黑棋可在 a 或 b 位压制白△一子，所以白2补棋。在黑△靠时，白2的下法称为"扳"，这些行棋用语是根据日常生活中类似的情况确定的。

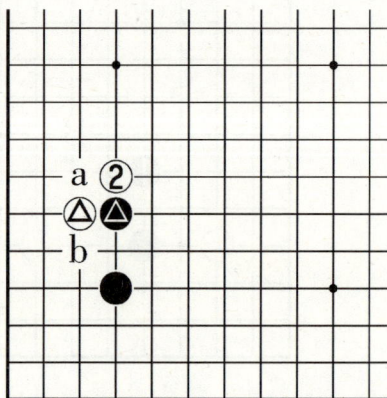

图 62

图 63　长和退

白○扳，以后白棋有在 3 位或 a 位打吃的手段，因此黑棋必须补棋，黑 3 的下法即是"长"。黑棋也可能下在 a 位，此时称为"退"。本图中的黑 3 长效率更高。

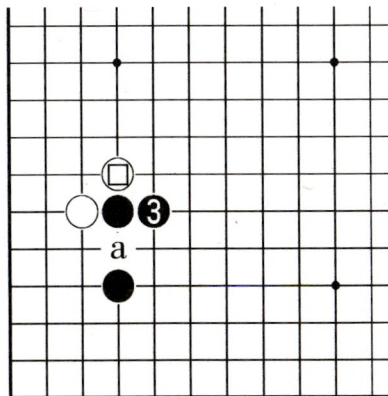

图 63

图 64　虎的好位

白○扳，黑●长后，白棋出现了 b 位的断点，黑棋下在 a 位也是很好的虎形，此时白棋应如何下？

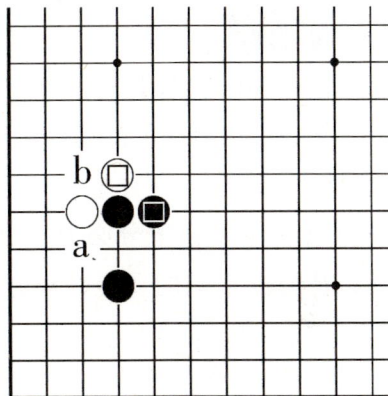

图 64

围棋知识小贴士

挂角：布局着法，在对方已有一子占角的情况下，在其附近的位置上下一着，防止对方缔角，并有分占角地的作用。

图 65　伸

其后白棋虽可在 a 位连接，但白4的下法更有效率。白4的下法称为"伸"，不仅可照顾到 a 位的断点，而且还可压缩黑棋的实地。黑 a 断不成立，请大家自己确认一下。

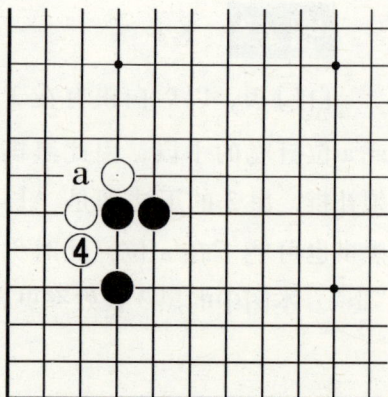

图 65

图 66　挡

白◎伸时，黑5挡是绝对的一手棋，黑棋由此可以确保角地。此时 a 位的断点十分重要，白6护断或 b 位飞补十分必要，黑7飞，补黑棋下侧的弱点，双方的进行暂告一段落。

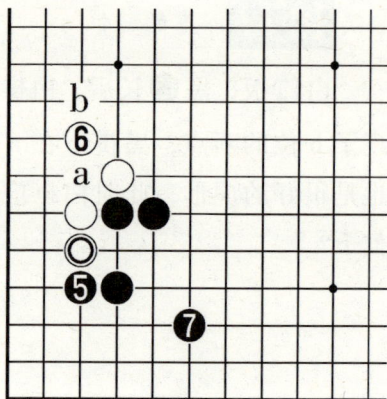

图 66

围棋知识小贴士

连环劫：指在一块或几块棋中同时存在至少两个循环往复的劫。

5. 围目的方法

什么是目

前面我们学习了构成围棋的基本要素和基本技术, 现在我们学习目的概念和围目基本要领。

图 1　目的概念

说起围棋的围地, 会让我们不由自主地想起小时候跳格子的游戏, 即用边线设定四条边界, 划定自己的格子。围棋也是如此, 用棋子围成的部分即是我们所称的 "地", 也可以用 "目" 来表示。

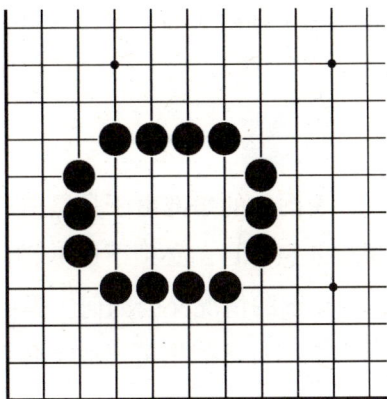

图1

图 2　围地的要领

本图是黑棋在左下角围地的棋形, 目数为 17 目。但图中黑 ◼ 是多余棋子, 对围地没有帮助, 因此在围地时, 所投入的棋子应越少越好, 也就是要经济高效。

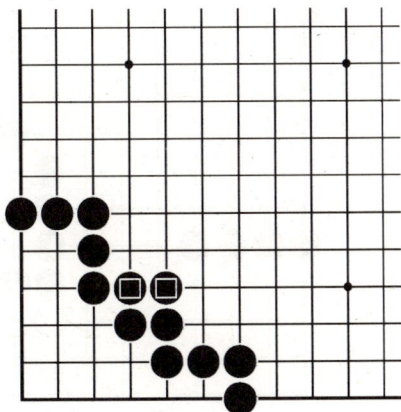

图2

目的构成要件

要围成目，必须具备以下三个要件。

1. 必须全部是用自己的棋子围成；

2. 不受对方棋子的压迫和打入威胁；

3. 对方棋子在自己的实地内不能活棋。

为了理解方便，下图通过几个图例进行说明：

图3 图例分析

A 图中的角部由于是黑白双方组成，因此黑白双方在此都没目。黑棋要想有目，必须下成 B 图的棋形。

C 图的情况又会如何？黑棋有 9 目，而白棋也有 6 目，这是因为双方都用自己的棋子形成了各自的势力范围。

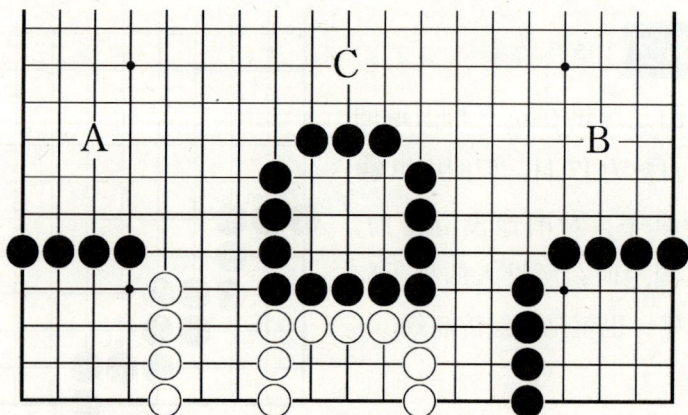

图3

图 4　有漏必补

本图黑棋几乎已经完成了围地的工作，左右两块棋的棋形只不过有一点细小的差别，但正是因为这一细小差别，决定了黑棋能否围成目。

两图中白△冲时，B 图中黑 1 挡后，黑棋可以围成 20 目；A 图中黑棋如果不理，白 1 长后，黑棋的目瞬间飞掉了，当然以后黑棋在 a 位补棋后，黑棋在角部多多少少还有点目，但也是亡羊补牢之举。

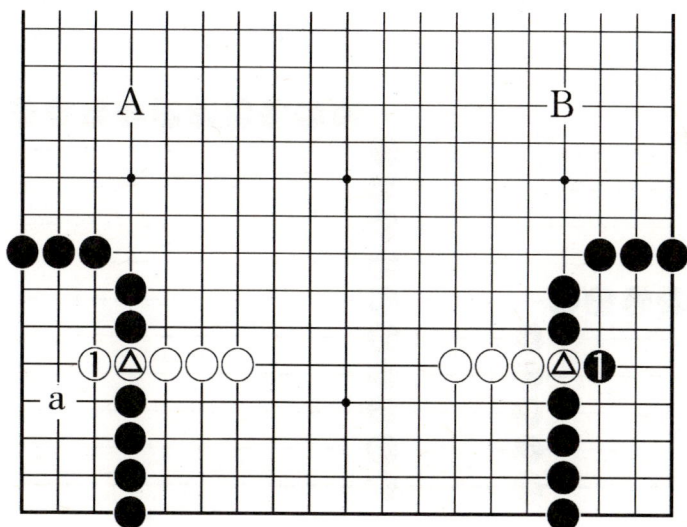

图 4

图 5 空间开阔

图中两侧黑棋均围成了一块棋，而且外围也没有什么毛病，此时能否说已是黑棋的实地呢？

左侧黑棋有 20 目，而右侧虽然约有 100 目，却不能认定为黑棋的实地，原因是什么？

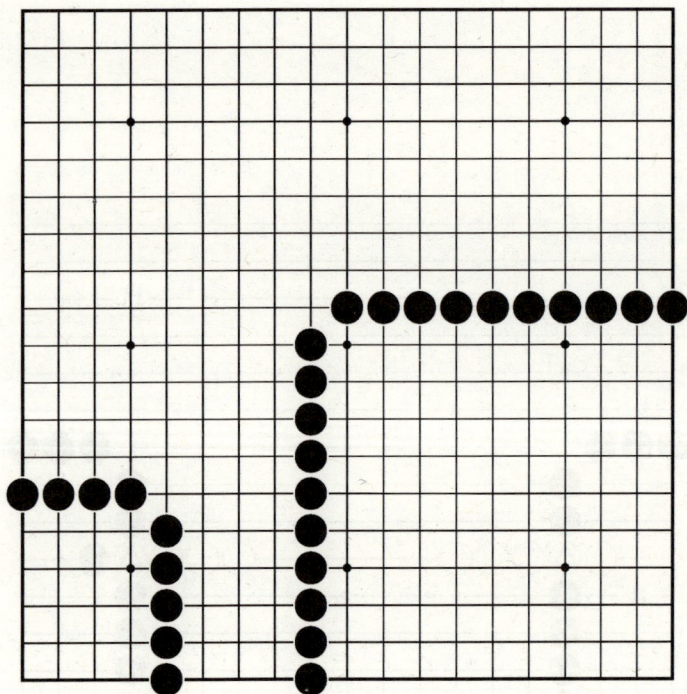

图 5

图 6 　白棋打入

　　是因为有白棋打入的危险。左侧白 1 打入，但下至黑 4，白棋无法做眼活棋，因为空间太小。而右侧白 1 打入后，黑棋无法吃住白棋，以下进行至白 7，白棋可以成功活棋，因为黑棋的空间太大。

　　右侧黑棋要想将如此之大的空间全部变成实地，必须在类似白 1 的位置补棋，以防白棋的打入。

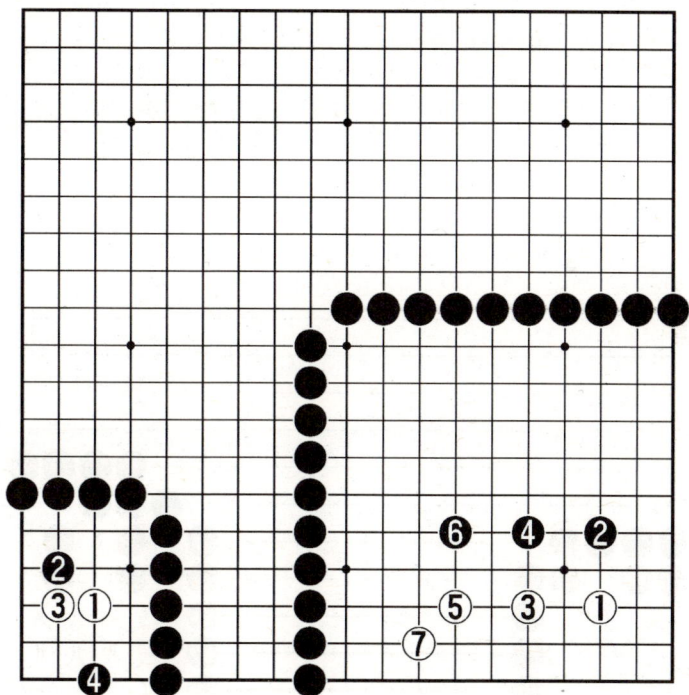

图 6

图 7　吃子双倍计算

A 图中被黑棋包围的白棋无法做出两眼活棋，是死棋，其中 a 位虽是真眼，但 b 位却是假眼。这种外围完全封闭，并将白方棋子吃掉的情况应全部算成黑棋实地。

那么黑棋的实地又如何计算呢？被吃的棋子称为"死子"，这些死子并不一定要立即从棋盘上提去，可在棋局结束后，自动计算为对方的目，即在吃掉对方棋子的情况下，计算目时应按双倍计算。图中黑棋吃掉白棋 11 个棋子，因而目数计算为 $11 \times 2 + 2$（a、b 位的目数），总计是 24 目。

B 图中的黑棋吃掉白棋的子数也是 11，加上 x 位的目数，黑棋的目数为 $24 + 10 = 34$ 目。因此在吃对方棋子时，如果还有类似 x 位这样的空白位置，黑棋更加有利。

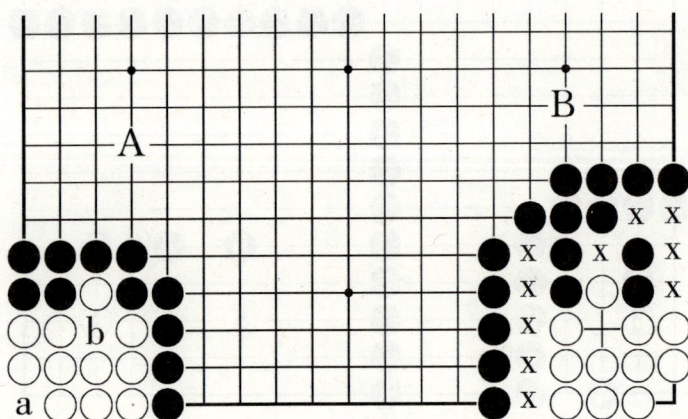

图 7

图 8 不成目的位置

棋盘上所有的位置理论上都可以计算成目，但也有黑白双方都无法计算为目的位置，这就是单官。

A 图中黑棋有 22 目，白棋也有 14 目，但在双方交界处 x 位均没有计算为目。

图中的 y 位又应如何计算？由于中腹仍未确定归属，无法判定给哪一方，因而暂不用计算。

B 图是双活的棋形，现在任何一方都不能在 z 位下棋，z 位不仅不能算成双方的目，连黑●和白◎都不能算成目。

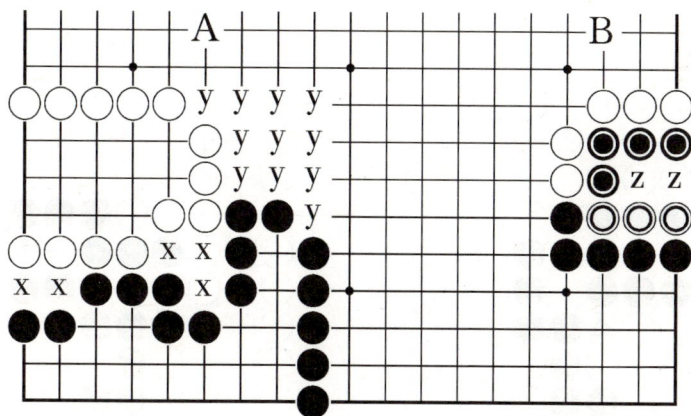

图 8

图 9　死活转换的差别

A、B 两图看起来虽然十分相似，实际差别却很大。

首先看 A 图，角上白棋已有两个眼，白棋是活棋，可以计算为 2 目，加上外围白棋的 18 目，白棋共计 20 目，黑棋也是活棋，可计算为 3 目，现黑白双方的目数对比是 3：20。

再看 B 图的情况，角上白棋由于有黑▲的关系，a 位是假眼，白棋是死棋，外侧黑棋 3 目，加上白棋的死子 5 个（10 目），还有 a、b 位的 2 目，黑棋共计 15 目，外围的白棋仍是 18 目，现在黑白双方目数对比是 15：18。通过以上计算，可以发现死活转换带来的巨大的目数变化。

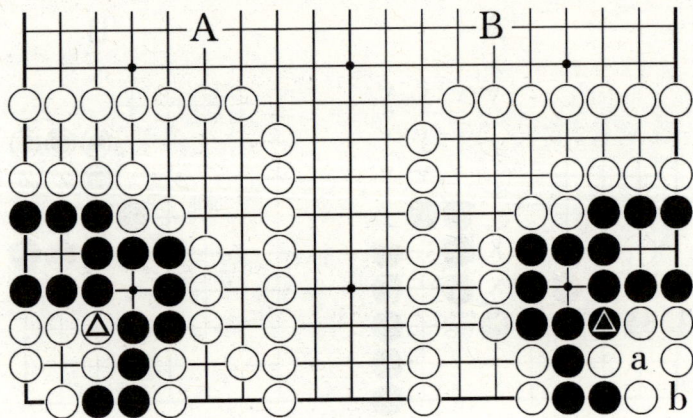

图 9

图 10　死子的计算

A 图中的黑棋有 42 目，白棋认为黑棋太大，于是白 1 打入，但以下进行至黑 8，白棋虽竭尽全力，但仍被全歼，现在此处的目数又如何计算？

B 图是白棋死棋后的棋形，现在黑空内有白△ 4 个死子，如果按双倍计算目数，黑棋是不是占便宜了？结果不是这样的，因为黑棋为吃白△，也投入了 4 个黑●，所以此处仍是 42 目。

那么又有人要问，此处明显已是黑棋的实地，白棋为什么还要打入？这正是我们以前所学的：在其他地方发生了打劫，为了寻找劫材，才选择了打入。所以说不论多么坚实的实地，都要防备对方打入。

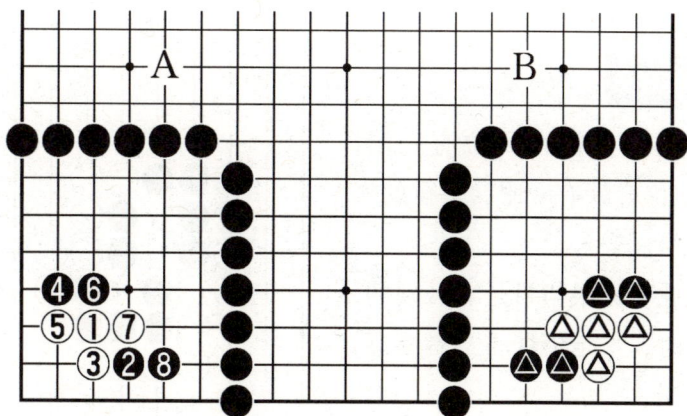

图 10

目与眼的差别

　　我们在讲述棋子的死活时，提到了目与眼，那么目与眼有什么差别，请见以下分析。

图 11　两眼2目

　　图中黑棋在 a 和 b 位各有一眼，同时也是黑棋所围成的实地，即黑棋在两眼活棋的同时，还得到 2 目。

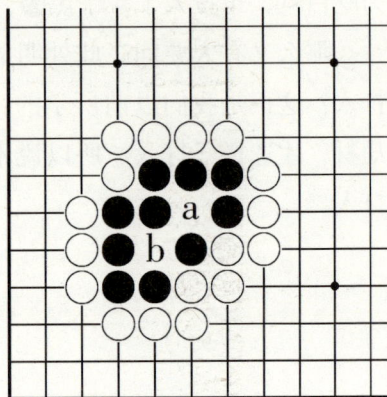

图 11

图 12　两眼3目

　　本图中黑棋在 a 位有一眼，在 b、c 位合计有一眼，黑棋的实地是 3 目。

　　由此可见眼与目是有区别的，在点目时，一定不能将二者弄混，造成失误。

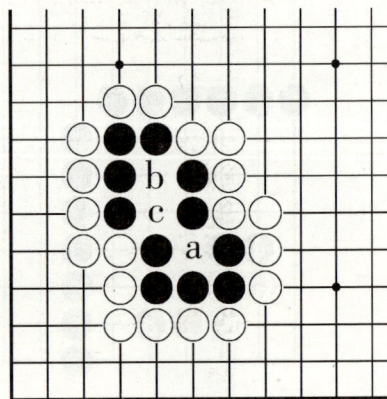

图 12

168

图 *13*　眼与目的区别

　　A 图中黑棋有 3 目，当然黑棋是两眼活棋。B 图中黑棋能有多少目？白棋不论是在 a 位点，还是在 b 位点，黑棋都可活棋，因此黑棋是 4 目。

　　左下角的 C 图中黑棋虽然被白棋围困，但黑棋的空间很大，黑棋活棋并有 10 目的实地。

　　右下角的 D 图是多少目呢？由于白△点，黑棋是死棋，白棋的实地为 28 目（黑棋的 14 个死子）＋5 目（黑棋的空）＝33 目。

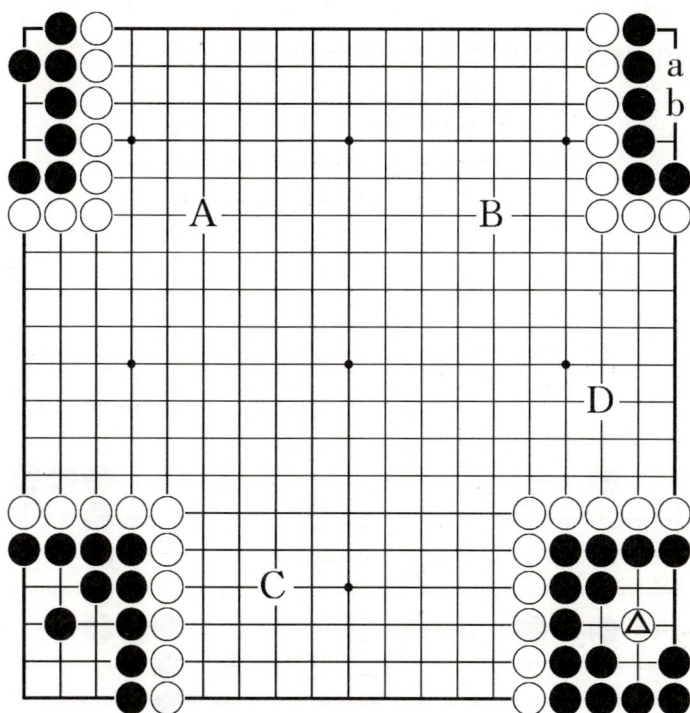

图 13

围目的基础

围棋是由最后围取实地多少决定胜负的运动，因此围取实地是围棋中最重要的技术。

图 14 棋形与实地的差别

图中 A、B 两块棋并没有太大的差别，B 图由 11 个黑子围成了 16 目，可以称为确定的部分。而 A 图中黑棋只有 4 个棋子，由于没有完全形成包围，因而不能全部计算成实地，但形成实地的可能性很大。

左下角的黑棋被对方破坏或对方在其势力范围内活棋的可能性几乎没有，围成实地的可能性很大，所以可以按惯例计算实地，以 x 划定界线，黑棋的实地可以推算为 16 目，即 A 图是 B 图完成之前的棋形。

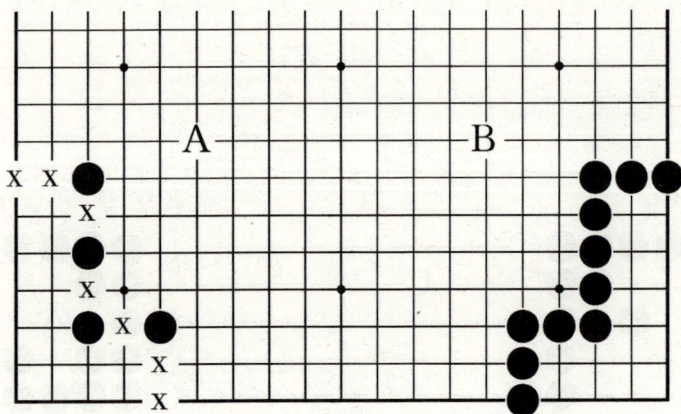

图 14

图 15　龟兔赛跑

　　黑白双方分别在棋盘上围地，黑棋采用了单跳、小飞、尖等技术手段，动作犹如脱兔一样轻灵，而且效率还很高；相反白棋只是一步一步走，行动就像乌龟爬行一样慢，下至白 14，双方各下了 7 手棋，围地的情况如何呢?

　　白棋在右下角 x 线内围成了 12 目，而黑棋在左下角 x 线内围成了 26 目，并且不会被白棋破坏或打入，围成实地的可能性为 99%。现在黑白的目数对比是 26∶12，黑棋遥遥领先。

　　黑白双方从同一起跑线上出发，但进行至中途时，就出现了如此巨大的差别，原因是双方行棋的速度不同，好比乌龟与兔子赛跑一样，一方在跑，一方几乎在原地踏步，怎么能没有差别? 行棋效率低的一方在围地时速度肯定要落后于行棋效率高的一方，因此我们在围地时，一定要行动迅速。

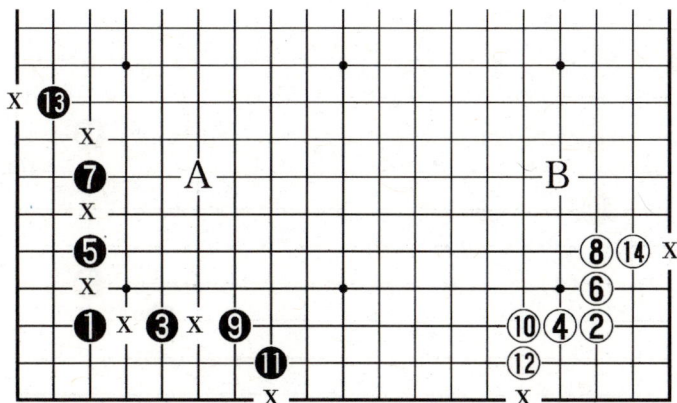

图 15

便于围目的位置

图 16 由角地开始

本图是高手实战中经常出现的代表性初盘棋形，大家从中可以发现什么？

第一，与图 15 所学的一样，在初盘阶段行棋绝对不能原地踏步，而应动作迅速。

第二，双方的行棋均是先从角地开始，然后再向边上进发。

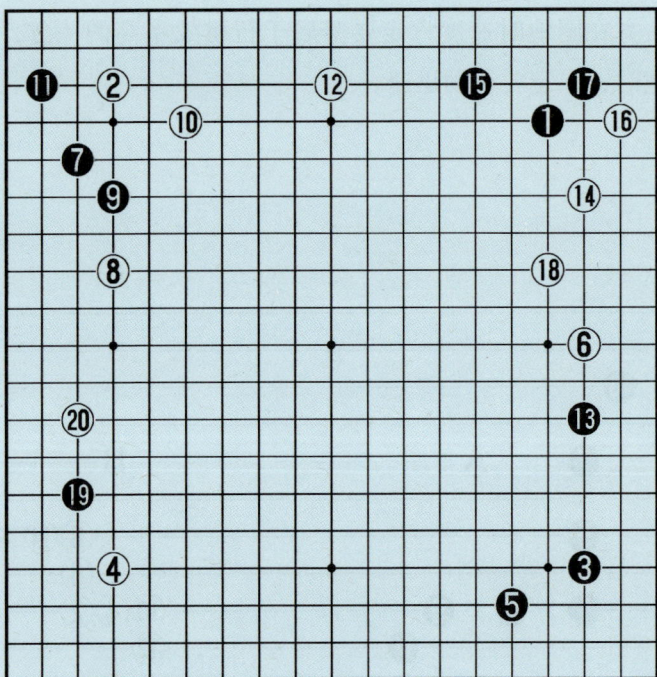

图 16

图 17　围目的次序

黑棋分别在角、边和中腹围成了 9 目棋，但投入的棋子数量大不相同。左上角 A 图中黑棋只使用了 6 个棋子，下边 C 图中黑棋使用了 9 个棋子，中腹 B 图中黑棋使用了 12 个棋子。为什么所围的目数相同，投入的棋子数量差别却如此之大？这是因为三图中黑棋所选择的围目方位不同。

因此我们在围目时，首先是从投入棋子少的地方开始，然后逐渐展开，围目的次序应为角、边、中腹。

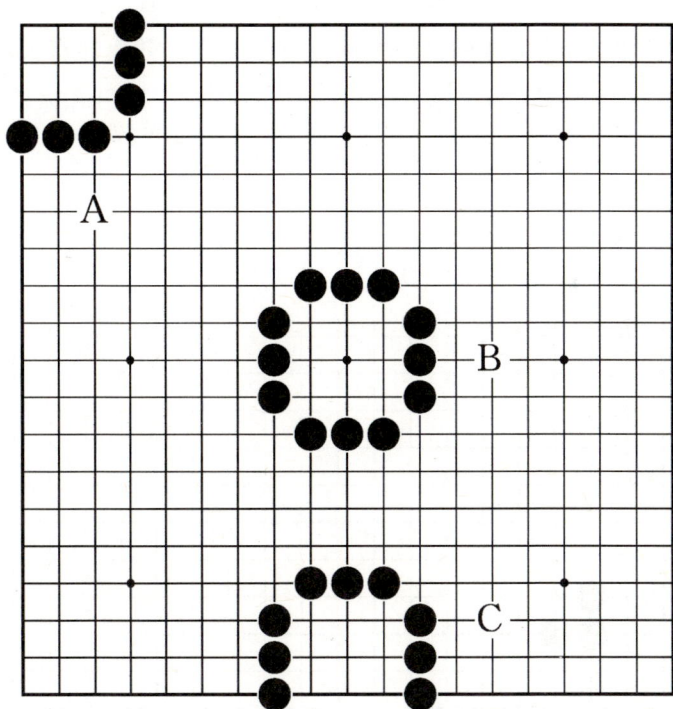

图 17

高效与低效

围棋是十分讲究效率的运动，双方在同等的条件下，将投入棋子的效率最大化，以围成更多的目来决定围棋的胜负，效率在围棋中十分重要。

十分巧合的是，在好看的棋形中棋子的效率也高，所以说围棋是效率和美学的绝妙组合，这更使围棋的趣味和价值倍增。

图 18　愚形和好形

通过左右黑白棋形的对比，我们发现黑棋的三个棋子的行动迟缓，而白棋三个棋子则比较舒展，样子也比较好看。

在黑白双方投入相同棋子的情况下，双方的效率却有天壤之别，特别是左图中的黑棋是"空三角"的愚形，对于围目和做活的帮助都不大。

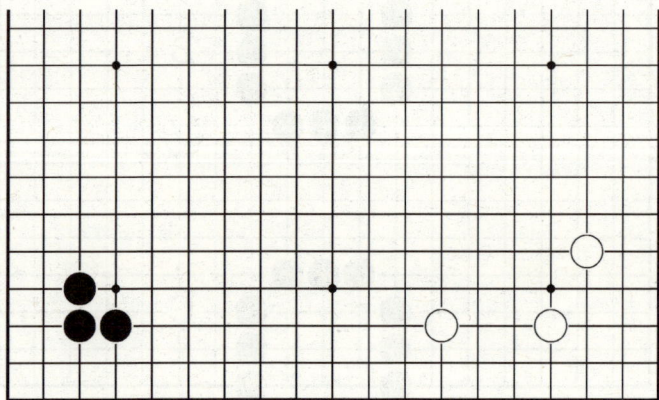

图 18

图 19　高效与低效的对比

本图是上图的进一步发展，黑白双方各投入了四个棋子，左侧黑棋四子窝成一团，右侧白棋四子十分高效，已在两边展开。

左侧黑棋是比上图中空三角愚形更坏的"斗笠形"，这类棋形大部分都不好，如非迫不得已，绝对不要使用类似"斗笠形"的愚形。

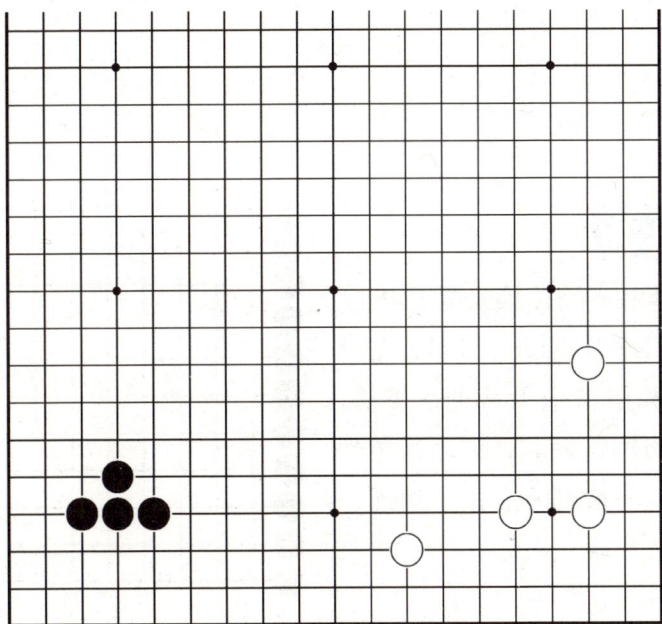

图 19

实地与外势

由于角和边易于围目，因此初、中盘的着落点主要集中在角和边地，那么角和边的具体特点是什么？下图按照路（线）来进行划分。

围目时，应首先考虑以下事项：

1. 一手棋可以围成多少目？这里强调的是效率。

2. 一手棋确实可以围成多少目？此时强调的是实现的可能性。

3. 以后还能围成多少目？这里强调的是发展潜力。

4. 所围成的目能否确保活棋？此时强调的是安全性。

图 20 一路：死亡线

黑棋在一路并排放置了 10 个棋子，但没有围成 1 目棋，这种对做眼和围目毫无帮助的下法，除非联络的需要和最后区域整理的必需，一般都不会下，因此一路有"死亡线"之称。

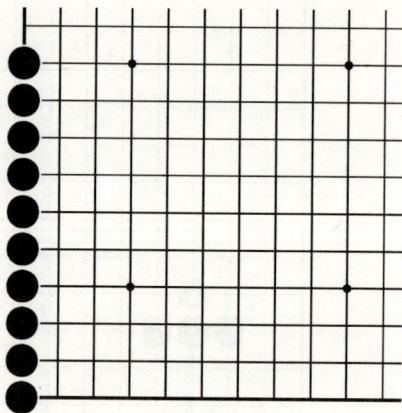

图20

176

图 21　二路：失败线

在二路投入一个棋子，最多也就能围成 1 目棋，效率太低，因而在初、中盘阶段一般都不下，同时由于临近边线，发展潜力不大，因此二路有"失败线"之称，但在尾盘官子和棋子的死活方面可以发挥重要的作用。

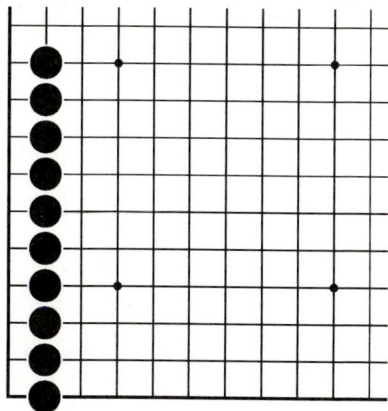

图 21

图 22　三路：实地线

与边线有两路之隔的三路最大的优点是便于围目，因而在初盘阶段最常使用，有"实地线"之称，但在发展潜力方面稍逊于四路，如果行棋过于偏重于三路，有错失大势之忧。

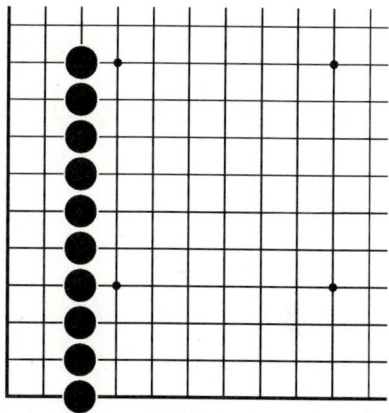

图 22

围棋知识小贴士

收官：指一局棋中盘战结束后，双方继续占领地域，并使地域所属更加明朗化的一系列进程。

图 23　四路：势力线

与边线有三路之隔的四路在围目方面的效率更高，同时向中腹发展的潜力也大，因而有"势力线"之称，主要用于初、中盘阶段。

不过与三路的实地线相比，四路在围目方面存在较多的不确定性。

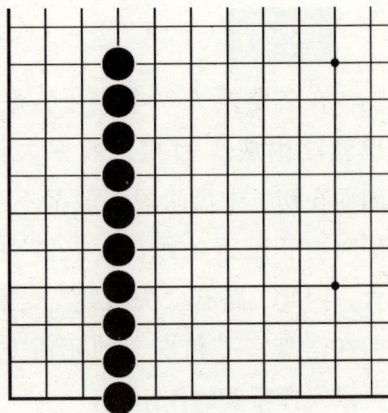

图23

图 24　四路存在的弱点

图中黑棋在四路有三个黑△，看似可以在左边围成很大的实地，但白1打入后，黑棋围地存在很多困难。

图中白1打入，以下进行至白11，白棋活棋后，黑棋的实地被掏空。这说明势力线在围目方面的确不如三路的实地线坚实，但有利于获取外势，在中腹寻求更大的发展。

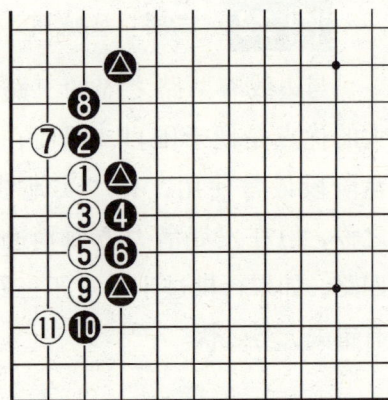

图24

图 25　现实与将来

本图是两个最具代表性的基本定式，黑 1 占星位（四路交叉的势力线），白棋则在三路交叉的三三位打入，结果是白棋在角上得到了约 10 目的实地，而黑棋取得了向中腹发展的潜力。

白棋所取得的实地称为"实利"，黑棋所取得的中腹发展潜力称为"外势"。

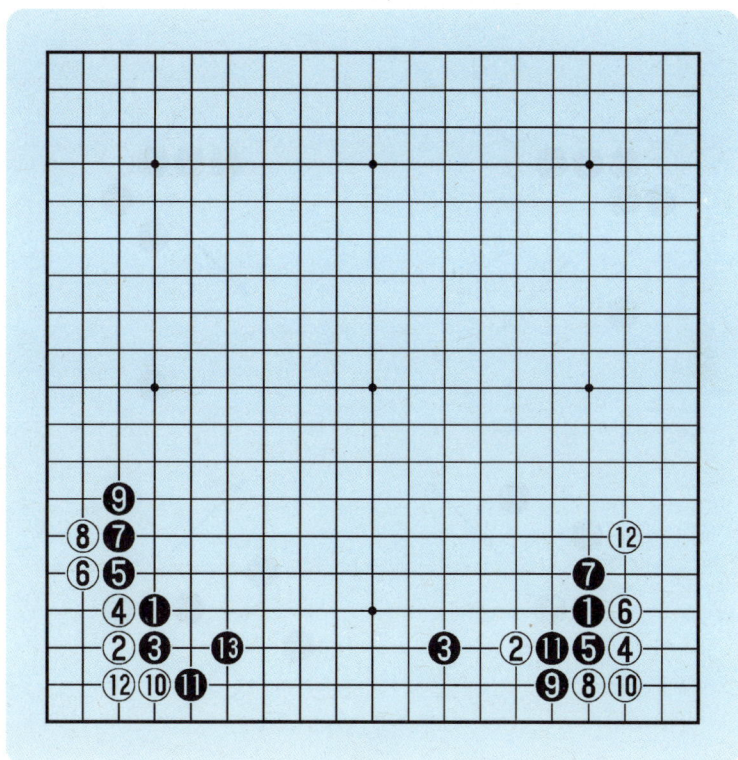

图 25

179

图 26 实地与外势的协调

图中黑棋的外势与白棋的实地分界十分明显，白棋主要集中在三路，黑棋主要集中在四路。图中可见白棋的实地很多，而黑棋在角地和边地的实地几乎没有，白棋看似已处于领先地位，其实不然。

图中箭头所指方向是黑棋以后的发展方向，从整体来看，黑棋反而有利。

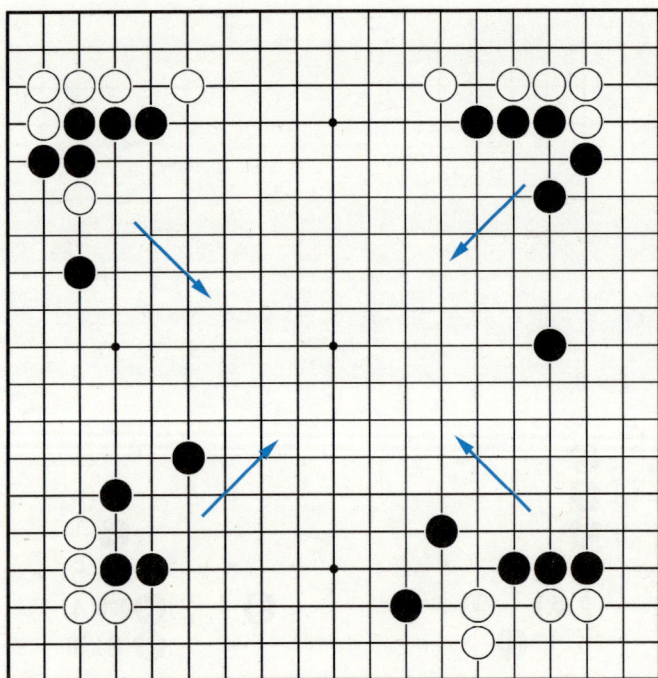

图26

角的名称

本章对围棋起始阶段棋子所处位置的名称进行介绍。

图 27 星位

四路与四路的交叉点即是星位。星位不仅是边的对称点，还是角的中心点，向边上和中腹都有很好的发展潜力，而且下一手棋也比较好下。

星位的缺点是对方有在 a 位打入的手段，这已在图 25 中进行了介绍。

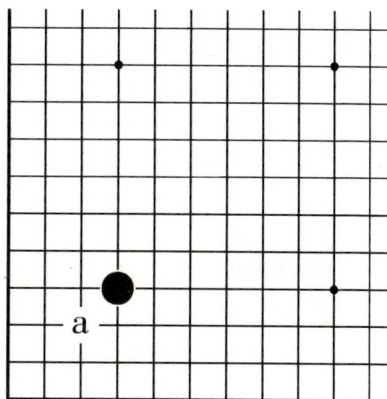

图 27

图 28 小目

由星位向边上移动一路的位置称为"小目"。由于小目比星位更深入边地和角地，因而也更便于占取实地。

小目对中腹的发展潜力不及星位，而星位对边地的发展潜力又不及小目，所以星位和小目都是初盘阶段最常使用的下法。

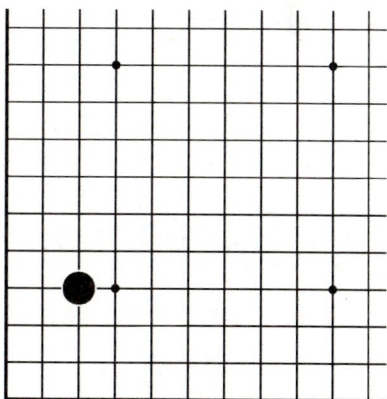

图 28

图 29　目外

由小目再向前移动一路的位置称为"目外"。目外在边地的发展潜力十分巨大，但对角地的掌控能力不及小目，因而使用频率不及星位和小目。

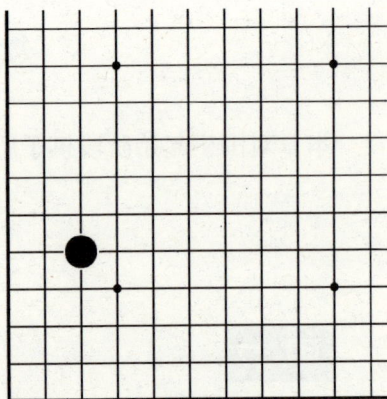

图 29

图 30　高目

由星位向前移动一路的位置称为"高目"。高目要比星位更接近中腹和边侧，因而易于构筑外势，但对角地的掌控能力以及对实地的获取能力较弱，与目外一样，都不常使用。

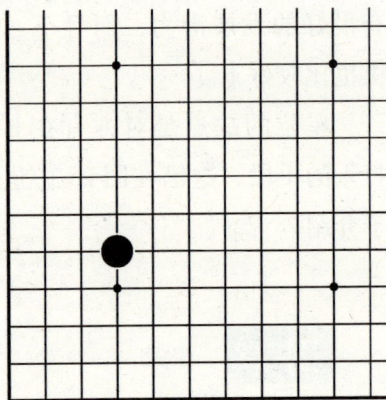

图 30

围棋知识小贴士

手谈：围棋的别称，指围棋是用手进行对话交流的运动。

图 31　三三

三路与三路交叉并与星位呈对角线状的位置称为"三三"。三三对角地的掌控能力十分出色，一手棋基本就可占取角地，但缺点是对中腹的影响力有限。

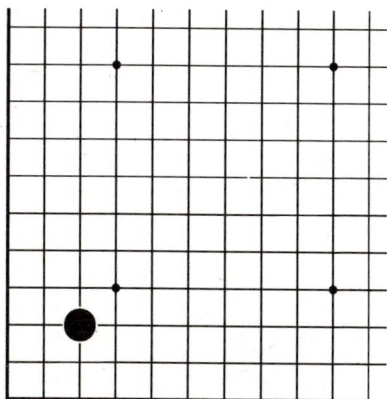

图 31

图 32　其他位置

另外在初盘阶段还有其他位置可以选择落子，比如图中的 a 位五五，b 位的大目外和 c 位的大高目。由于这些位置远离角地和边地，不易围地，初学者应尽量不用。

针对角地周边的位置，初盘阶段使用频率的排序依次为星位 > 小目 > 目外 > 高目 > 三三。

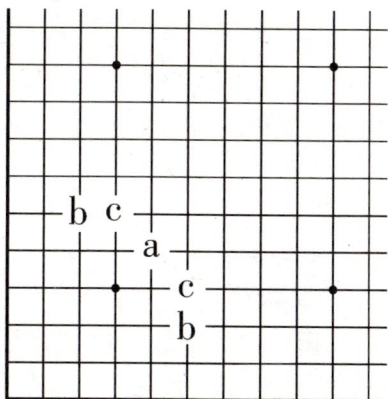

图 32

缔 角

由于一手棋很难完全控制角地，因此应适时补一手棋，以巩固角地，这种下法称为"缔角"。

图 33 小飞缔角

黑1小飞缔角是最常用的下法，不仅可以确保以后边地的发展，而且还能保护角上的实地。

尤其是小目小飞缔角，几乎可以确保角上实地12目，有"无忧角"之称。

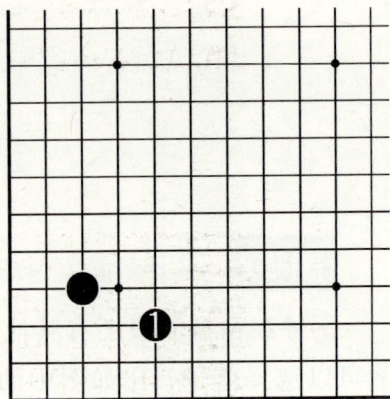

图 33

图 34 不确定因素较多

黑1小飞缔角是常用的缔角方式，但由于白棋在a、b等位置打入时，黑棋吃不掉白棋，因此仍需再投入一手棋方可确保实地。

星小飞缔角虽然在获取实地上存在弱点，但由于有发展潜力且不确定的因素较多，与小目小飞缔角一起成为最常用的缔角方式。

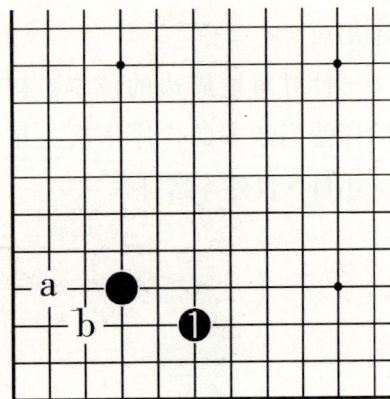

图 34

184

图 35　小目缔角

下图是黑 1 小目缔角的棋形。A 图是最坚实的小目小飞缔角。B 图是一间跳缔角，向边和中腹的发展潜力很大，不过由于有 a 位的"空门"，在获取实地上不及 A 图。

C 图是小目大飞缔角，发展潜力虽然不错，但是因为存在 b 位的弱点，在获取实地上不及 B 图。D 图是小尖缔角，棋形比较紧，发展潜力受到限制，如非周边对方棋子实力强大，一般不用。

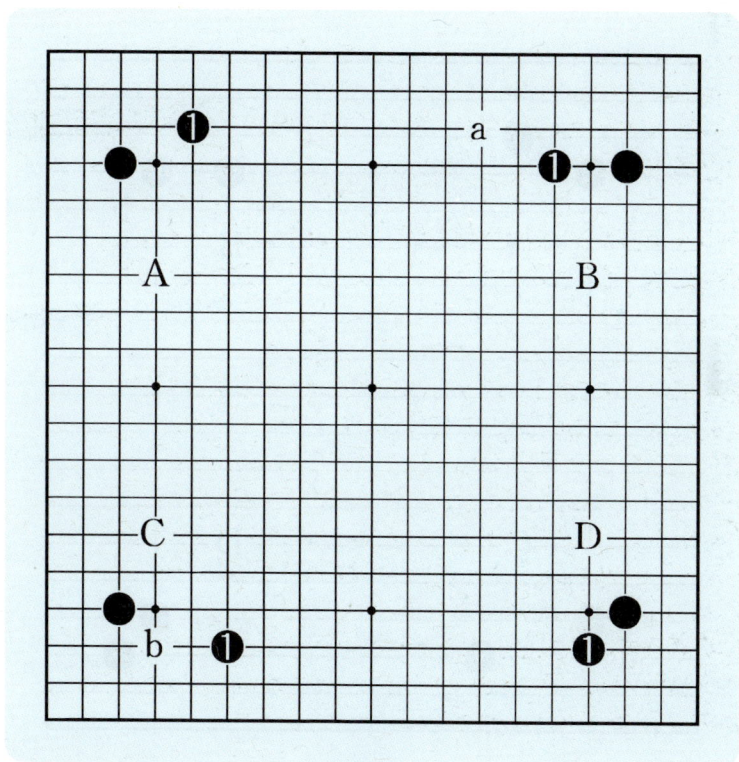

图 35

图 36 星位缔角

下图是黑1星位缔角的棋形。A 图是小飞缔角，以后如有机会，黑棋在 a 位补一手棋，就可确保 15 目以上的实地。B 图中的一间跳缔角，以后黑棋在 b 位补一手棋后，虽可确保角地，但 c 位的空门是其不足之处。

C 图中的大飞缔角，发展潜力虽好，但存在 d、e 位的弱点。D 图的三三缔角虽可确保角地，但发展潜力太差，一般不用。

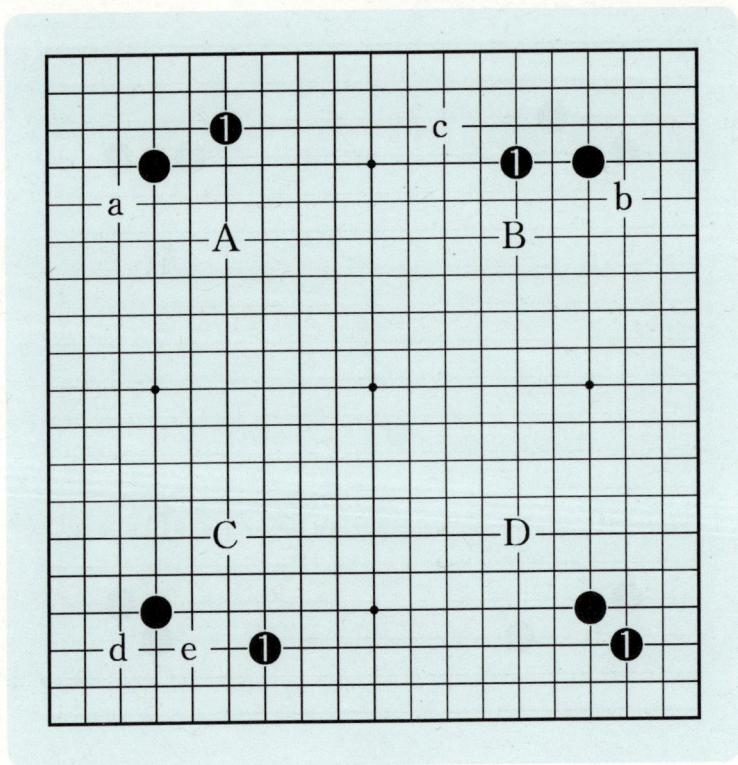

图 36

挂　角

缔角是巩固角上的实地，与此相反，挂角是阻止对方围角地。

图 37　飞挂

三路飞挂是所有挂角中最常用的下法。本图即是星位挂角的棋形，白 1 挂角时，黑棋在白 1 的对称点 a 位补棋是最具效率的下法，有时根据对局的具体情况也可在 b 位一间跳或在 c 位一间夹。

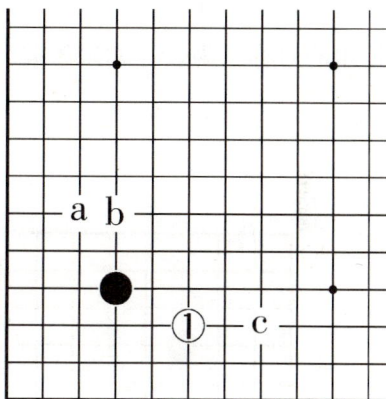

图 37

图 38　小目飞挂

本图是小目飞挂的棋形，此时黑棋在 a 位尖补是最平常的进行，有时也可下在 b 位取边地或下在 c 位夹攻白棋。

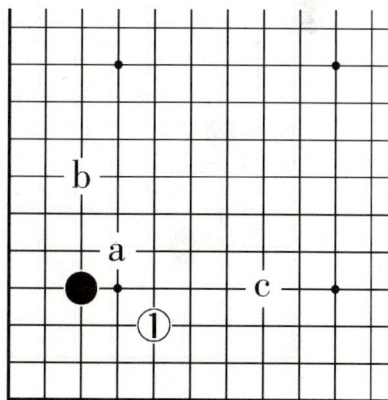

图 38

187

图 **39**　各类挂角

下图是各类星位挂角的代表性棋形。

A 图中白 1 飞挂时，黑 2 采用的应对是最普通的补棋。B 图中白 1 一间挂角时，黑 2 补在了白棋的对称点，如果黑棋重视实地，补在 a 位也有可能。

C 图中的白 1 大飞挂角和 D 图中的白 1 二间高挂，由于对角的压迫力较弱，如非特殊情况，一般不用。黑 2 补棋的位置也以白棋挂角的对称点为好，如果想取实地可以补在 b 位。

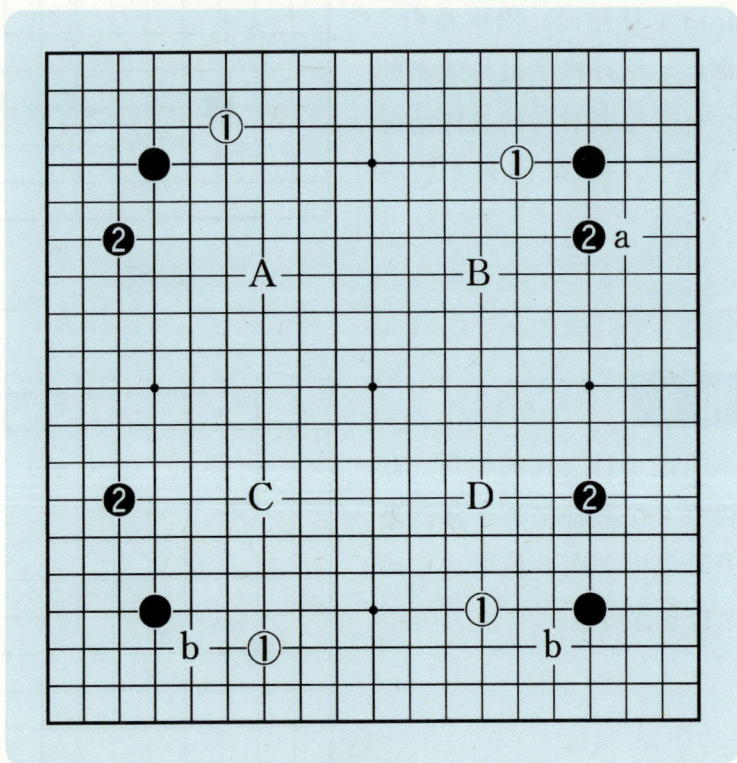

图 39

拆　边

由角地向边地或由边地继续向边发展的过程称为"拆边"。

图 40　基本型：拆二

如果边上只有一个单独的棋子，在开疆扩土时，若非特殊情况，一般以黑 1 拆二为妥，效率也很好。

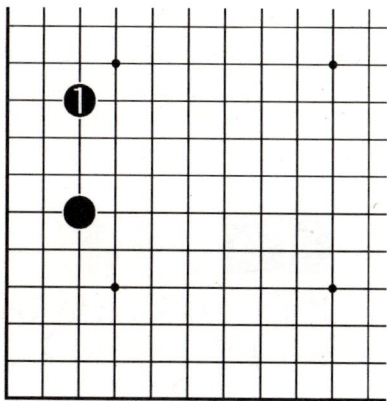

图 40

图 41　安全高效

拆二不用担心对方的打入，图中所示，白 1 打入后，白棋虽用尽各种手段，黑棋的实地依然完好无损。

与拆二相比，拆一虽然更加安全，但效率欠佳。

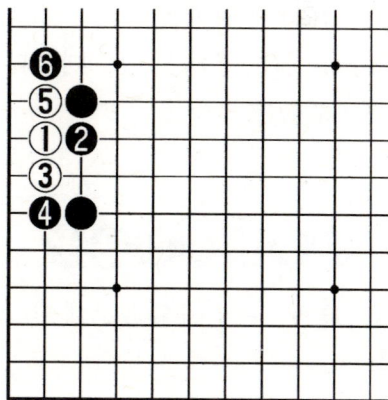

图 41

189

图 *42*　欲速则不达

黑1边上拆三过于夸张,欲速则不达。白2可打入攻击是黑棋的致命弱点,如果白棋在 a 位有棋子,白棋可将黑棋一分为二,黑棋十分被动。

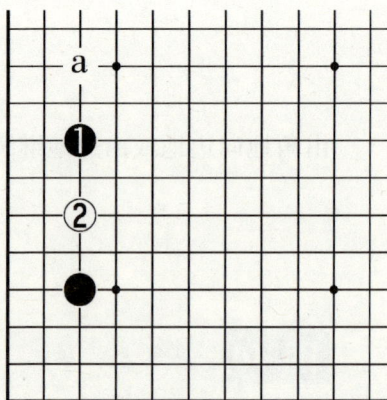

图 42

图 *43*　利用厚势

图中黑棋形成十分坚实的厚势,黑1大拆可以成立,白2打入时,黑棋则可以利用周边的厚势,于3位包围白棋,白棋活棋十分困难。

在拥有强大厚势时,如果仍按照以前的下法拆边,则会降低棋子的效率。

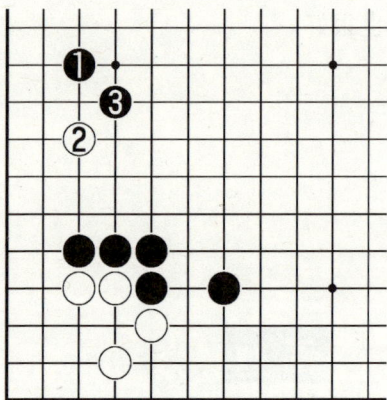

图 43

围棋知识小贴士

连扳:一种连续扳的棋形,在对杀中常见。

图 44　拆边的多种棋形

下图黑 1 是实战中出现的多种拆边棋形。

拆边与缔角不同,拆边十分强调与周边棋子的配合,更详细的内容将在下节中阐述。

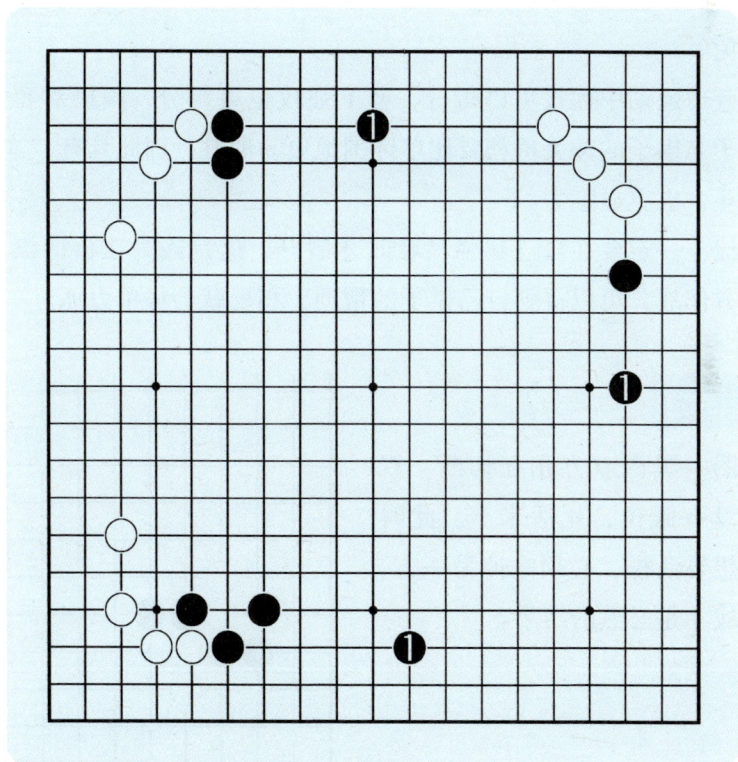

图 44

6. 战斗是什么

战斗的概念

围棋中为什么会发生战斗？原因在第 1 章中已有所涉及，篮球运动为了投进更多的球、得更多的分，大家会在球场上展开激烈的拼杀。围棋也是如此，为了围取更多的实地，双方发生冲突也就在所难免。

蓝球运动中远投可以得分，蓝下强攻也可得分，围棋对弈中通过棋子与棋子的冲突得利要比单纯围地更易取胜，因此具有"血腥"的战斗，也更显魅力。

战斗一定要在自己兵强马壮时才展开，这是因为在自己棋子多的地方作战，可以得到自己棋子的帮助，相反就会势单力孤。

图 1　战斗的基本型

图中黑白双方相互切断，双方都没有眼位，死活未卜。此时一方想要活棋，必须吃掉另一方，发生战斗是必然的结果。

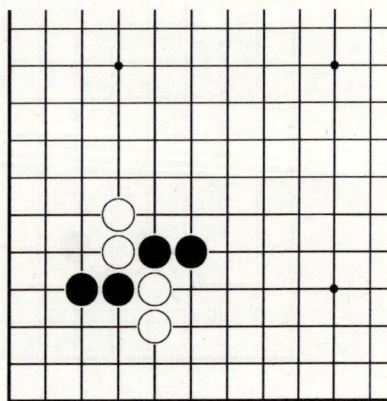

图1

战斗的要素

图 2 发生战斗的过程

黑1占小目，白2挂角，黑棋不让白棋有眼形于3位夹攻，白4封压迫黑棋，黑5、7切断白棋，双方由此展开战斗。

其后白8长，防备白4被征吃，黑9同样长，也防备被征，双方始终围绕着围地且不让对方围地展开较量。

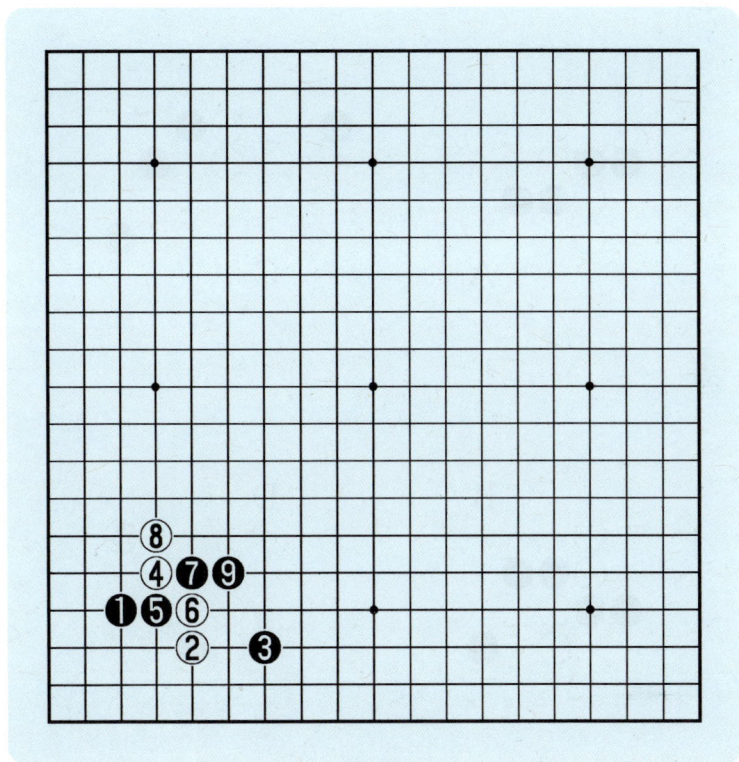

图2

图 3　战斗的代表棋形

A 图中黑白双方相互切断，棋子数量相当，双方机会对等。

B 图中黑棋由于有黑▲的支援，作战有利。

C 图中黑白双方的棋子数量是 4 比 2，黑棋不仅棋子数量占优，而且还占据角地的有利地形，黑棋十分有利，白棋处于被动挨打的地位。

D 图中黑棋虽占角地，但白棋是双飞燕展开的棋形，白棋主动。

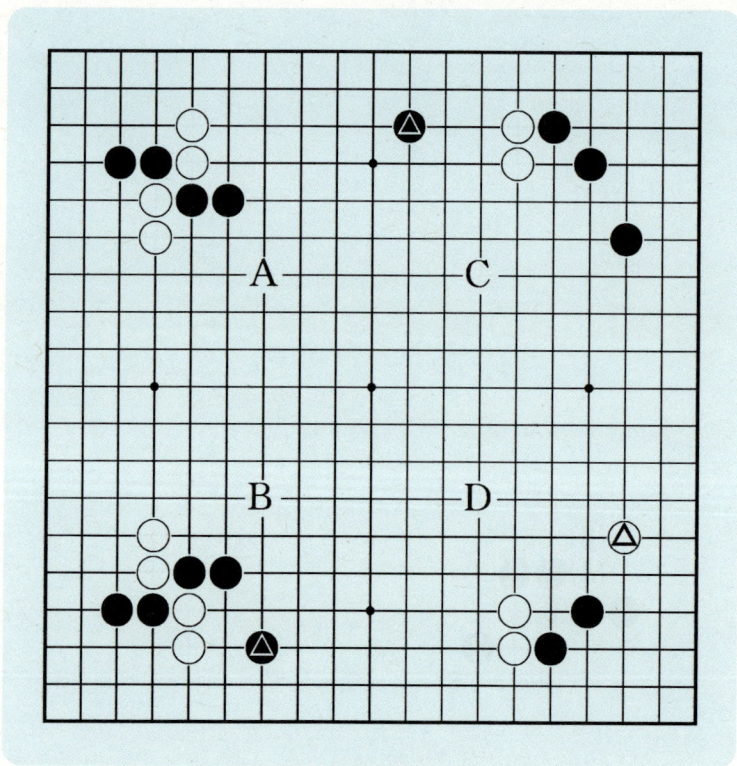

图3

第3章

怎样开始下围棋？

1. 初盘的构思
2. 中盘的进行
3. 尾盘的要领

1. 初盘的构思

我们在掌握了围棋的基本技术后，就应该在棋盘上初露一下身手，现在我们就练习一下。

图 **1** 搭架子、打基础

我们首先从初盘开始，就像我们盖房子一样，首先要搭架子、打基础，这个过程在围棋中称为布局。基础不牢，房子肯定盖不好，围棋同样如此，架子没有搭好，棋肯定下不好。

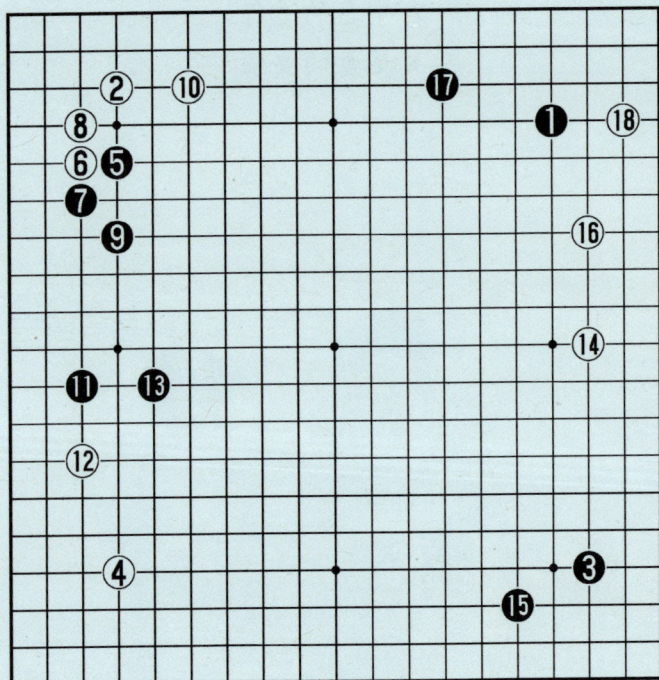

图 1

图 2　典型的实战布局

本图是曹薰铉九段与本人的一次实战布局过程。双方各占两个角后，黑棋于 5 位缔角，白 6、黑 7 则分别阻止对方的发展，其后白 8 拆二，意图是阻止右下角黑棋缔角的进一步发展。

黑 11、黑 15、白 20 以及黑 25 都是黑白双方遵照拆二原则的下法。黑 25 进行后，黑棋在下方形成很大的实地，双方的布局至此结束。

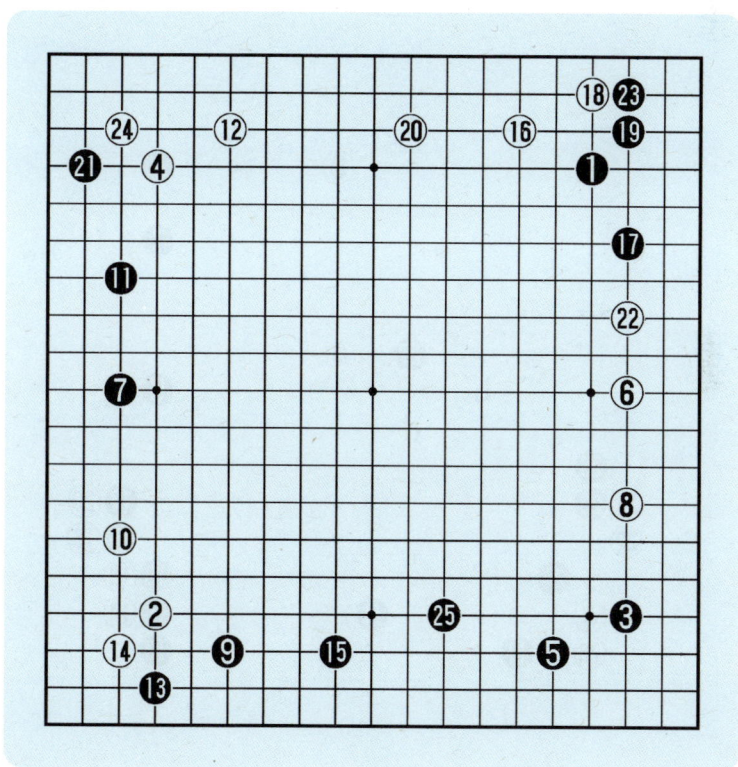

图 2

图3 取外势与取实地

下图是以"宇宙流"著称的日本著名棋手武宫正树九段的实战对局图，"宇宙流"是重视外势的一种布局。下至黑15，黑棋一直坚持围外势，黑27完成外势合拢，很多初学者看到黑棋如此宏大的气势，或许会认为黑棋肯定有利，其实不然。

由于黑棋在a和b位漏风，白棋仍有机会进入黑棋的阵营。黑棋下边还有c位的断点。最后白棋正是利用黑棋的弱点，于d位打入，一举破坏黑棋的大模样，并快速取胜。

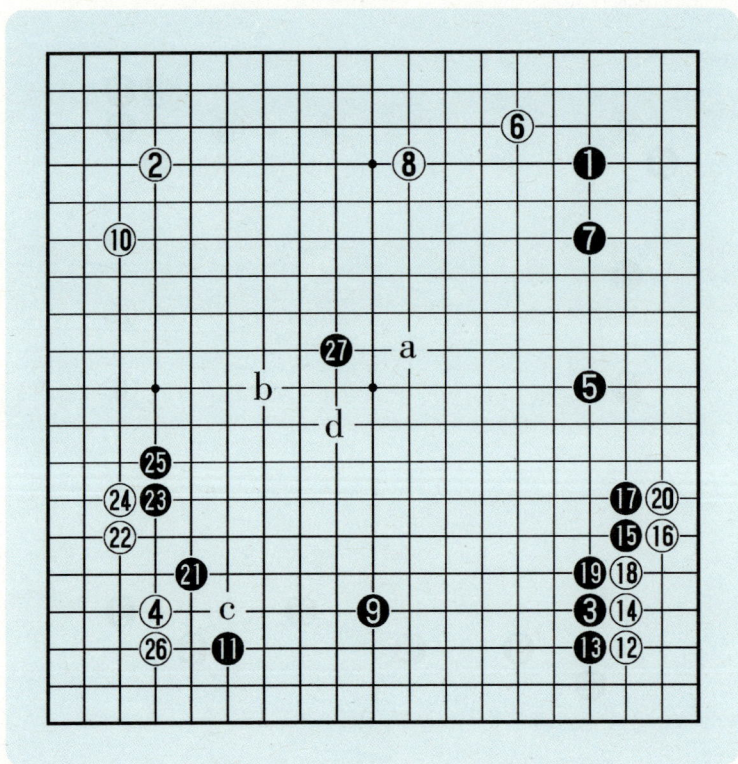

图3

图 4　布局省略型

下图是布局省略型的对局图，黑白双方在占取四个角后，立即中断了布局的继续进行，从黑 5 挂开始，双方在左上角展开了正面交锋。

这种棋形在初学者中十分常见，高手由于十分重视先占据棋盘上的大势点，故慎重选择作战；而中低级棋手由于不能及时发现大势点，往往过早选择作战。

请大家多多参考图 2 的布局。

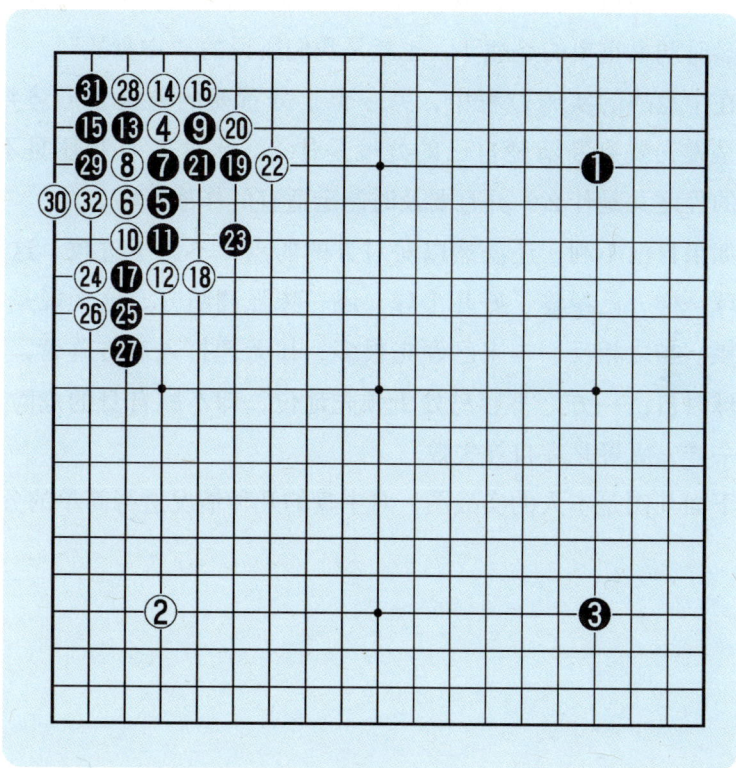

图 4

2. 中盘的进行

在初盘的框架搭好后，就可以进入中盘。初盘向中盘过渡并没有明确的分界线，而是布局结束后棋局的自然延伸。

中盘的关键是要在初盘已搭好的框架基础上各自将实地具体化。因为要尽可能地使自己的实地最大化，并最大可能地压缩对方的实地，所以双方都必须竭尽全力，发生战斗更是必然，甚至在对方的实地内也可能奋然打入，欲将对方的实地连根拔起、一网打尽。因此中盘时期最重要的是战斗，也就是我们所说的"中盘战"。

在中盘战的实施过程中，另一个十分重要的前提是形势判断，也就是说先要判断清楚自己的处境是什么。到底是有利还是不利？具体的程度又是什么？并且要及时制定适宜的作战策略。

如果自己不利，还漠然以对对方的弱点，不急于进攻，这好比踢足球一样，已经输了好几个球，还一味强调防守，这无疑是在等待输棋。与之相反，本来已领先很多，却无理打入对方阵营，这跟踢足球时自己一方好不容易处于领先地位，却不顾自身的危险弃门而攻一样，无疑是在自寻失败。

下面几图是本人的实战图，对中盘的几种情况进行简单的分析。

图 5　中盘的信号弹——打入与渗透

这是本人与曹薰铉九段下的一盘挑战棋，白△展开，由于下边的白棋阵势很大，布局早早结束。此时黑棋考虑的是要对下边白棋进行牵制，并且不能伤及自己的右边和上边。于是黑 1 封盖白△，白 2 补棋，黑 3 则在左边打入，白 4 封锁并攻击黑棋，黑 5 点三三进角，双方的中盘战开始了。

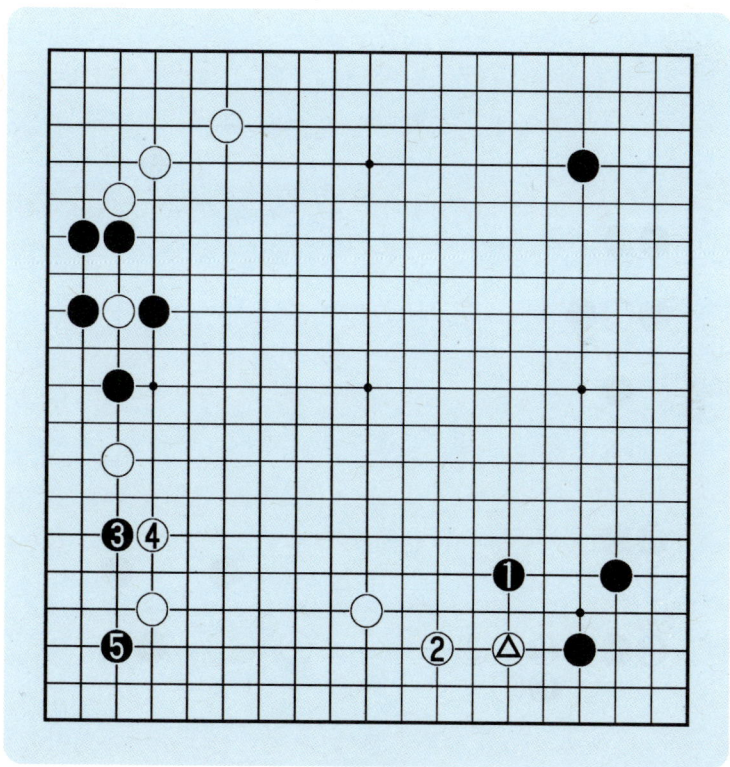

图5

图 6　妥协与转换

续图5，其后白1切断，黑2转身，以下进行至黑10，黑棋成功活角。起始打入的黑△虽被白棋吃住，但原先是白棋势力的左下角被完全破坏，中腹黑棋出头仍未被完全封锁，黑棋的打入取得了很大的成功。

黑△在黑棋的打入过程中发挥了十分重要作用，可见为了达到打入的目的，不要过于在意一两个棋子的生死。

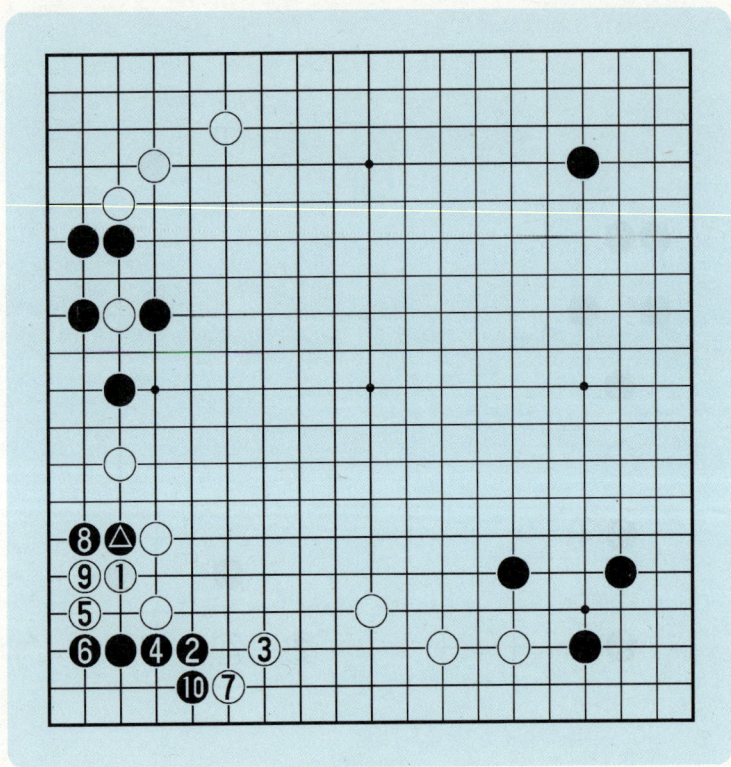

图6

图 7　攻击与突破

本图也是本人与曹薰铉九段的实战对局。在初盘布局阶段，黑棋在下边投入了很多棋子，构筑成了相当可观的外势和实地。由于下边黑棋规模很大，不能让其得到进一步巩固，于是在黑▲挂角时，白棋果断于 1 位打入，如能在下边成功破坏黑棋规模，以后即使黑棋在上边于 a 位夹攻，白棋也可忍受。双方快速进入了中盘战。

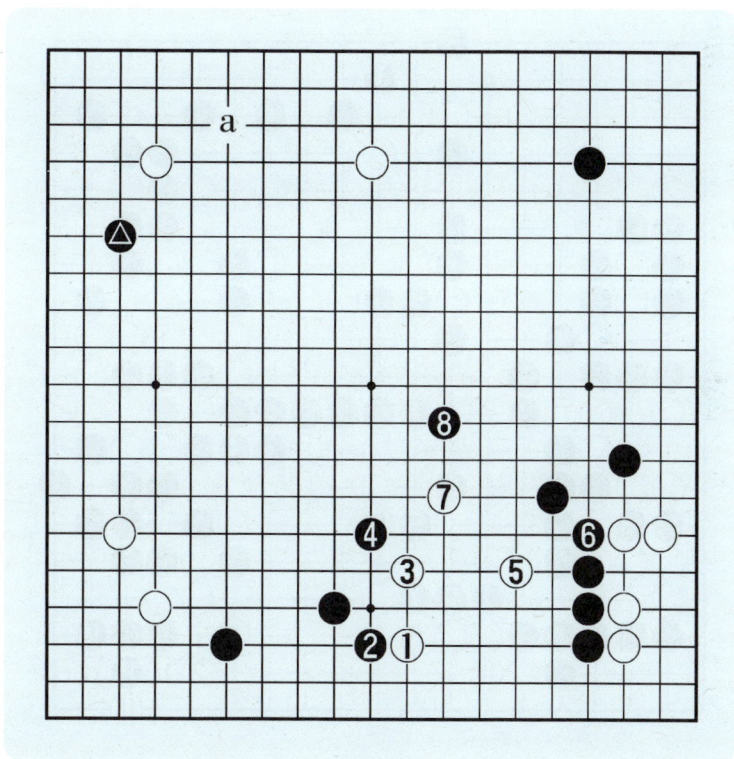

图 7

3. 尾盘的要领

中盘战结束后，双方必然进入尾盘，也就是"官子"过程。

官子的区域

图 6 中已经初现实战官子的一些场面。初盘阶段的落子主要集中在三路和四路，而官子阶段的落子则主要集中在一路和二路。

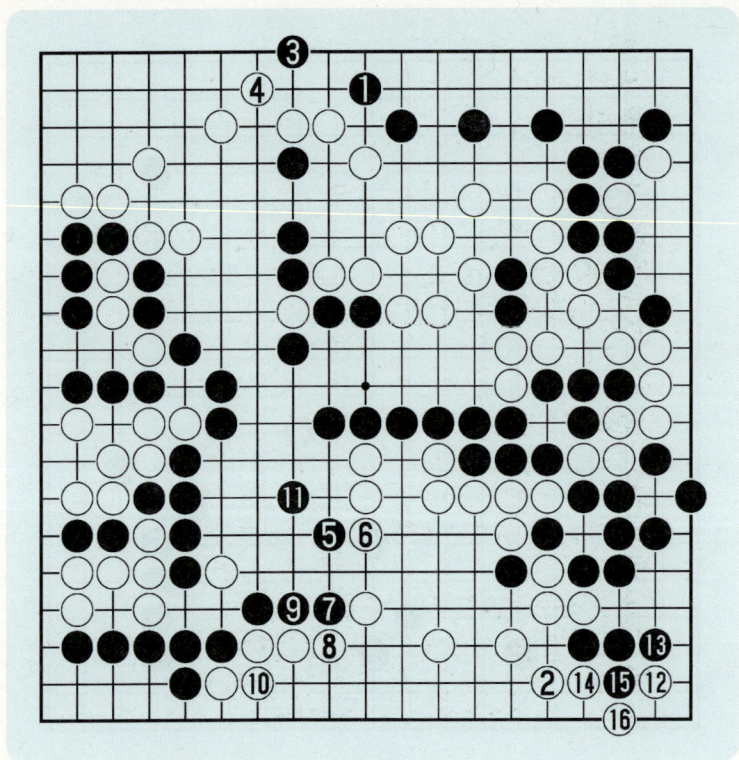

图 8

图 9　收单官、提死子

本图是图 8 的后续，x、y 位是提子的位置，△位是白棋连接的位置。

其后是黑白双方轮番收单官，尤其是要留意 a 和 b 位的单官，最后双方要提掉死子，黑⬛和白⬜均是死子。

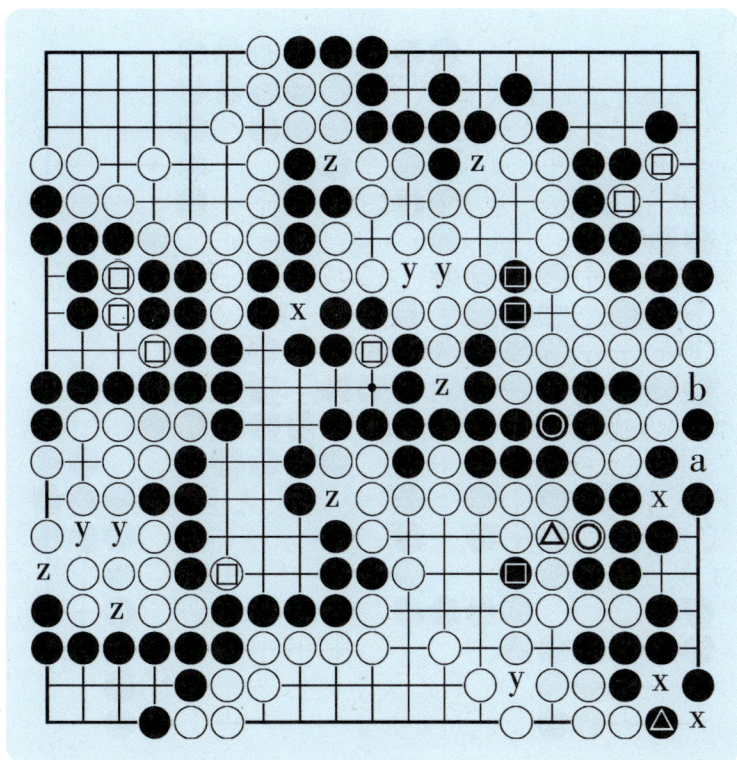

图9

图 10 整理棋形

提子较多的一方，由于比较容易填充棋子，因而实地计算比较方便。在开始计算双方的实地时，如果直接计算，十分不方便，因此有必要对棋形进行整理，整理成便于计算的棋形，比如长方形、正方形。

在整理棋形时，一定要理清双方的分界线。为方便计算，可以以 10 目为单位进行整理，在点目后一定要得到对方的确认，这样一局棋才可结束。

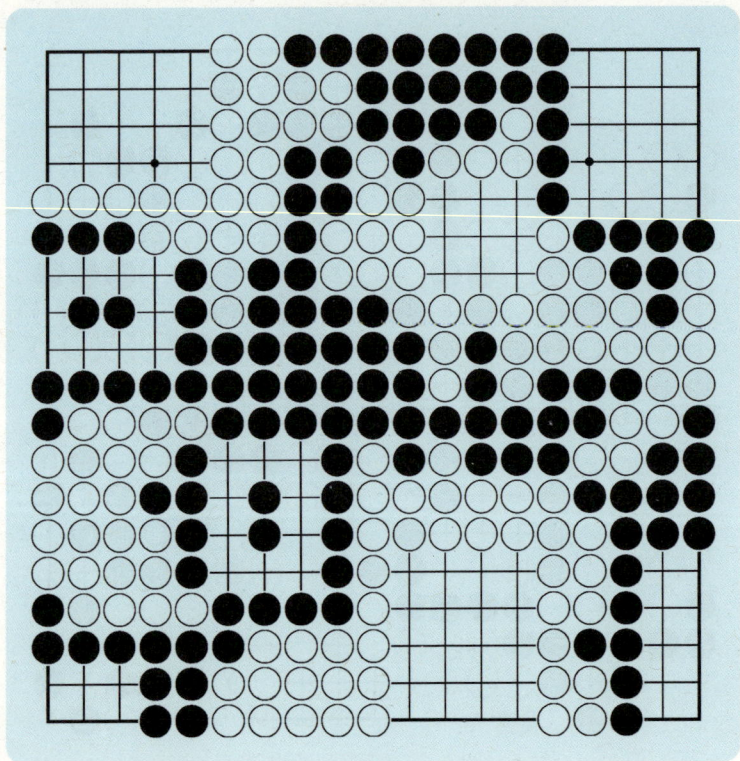

图 10

通过点目，图中黑棋为 58 目，白棋 51 目，黑棋盘面胜 7 目，除去贴目 5 目半，黑棋以 1 目半取胜。

我们再计算一下图 9 的情况。图 9 中黑棋 67 目，减去被俘的 3 个黑■和已经被提的 7 个棋子（图中 5 处 y 以及白△、黑▲）后，实际目数为 57 目。图 9 中的白棋 63 目，除去被俘的 7 个白□以及被提掉的 6 个棋子（图中 4 处 x 以及白◎和黑●）后，实际目数 50 目。

最后还要做两件事，一件事要将黑白棋子分开，并装入各自的棋罐中。我们经常看到有些人下完棋后，不作任何收拾就拔腿走人，这是很不好的习惯，就好像睡觉起床后不叠被子一样。

另外一件事要向对方表示"谢谢"、"您下得很好"之类的礼仪，围棋应在礼仪中开始，也应在礼仪中结束。

第 **4** 章

实 战 体 验

1. 实战的进行

我们已经学习了很多围棋基本技术和对局要领，现在我们要开始实战。

由于围棋的变化无穷无尽，我们一开始就在 19 路棋盘上讲解实战，过于纷繁复杂，因此我们先在 13 路棋盘上进行实战尝试。

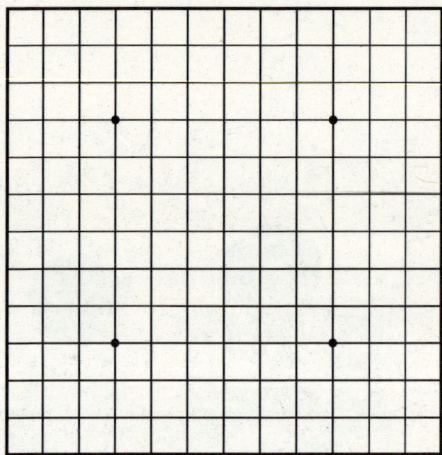

13 路棋盘

第 1 谱

先占角再取边

黑 1、3 占右边，白 2、4 占左边后，黑 5、白 6 分别小目缔角。黑棋在右下角，白棋在左上角分别确定了约 12 目的实地，其后黑 7 拆边，双方的布局进行十分顺利。

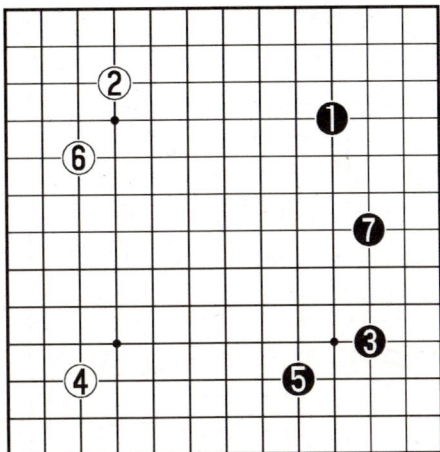

第 1 谱（1-7）

第 2 谱

如果黑棋在右上角 10 或 11 位再补一手棋，就可在右上角围成实地，因此白 8 点三三进角。黑 9 挡，黑棋在构筑中腹外势的同时，可以进一步巩固右边。白棋在右上角成功活角后，在下边 16 位拆，布局可以宣告结束。

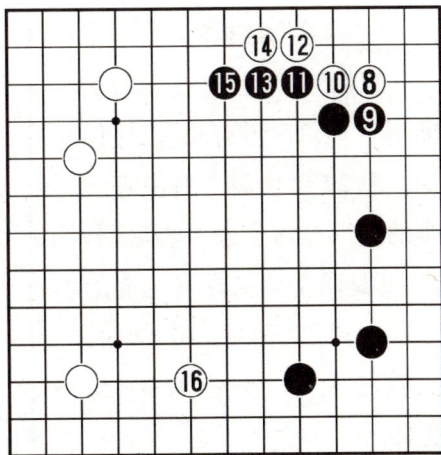

第 2 谱（8-16）

211

第 3 谱

渗透和攻击

进入中盘后，白棋的左边成为焦点，黑棋如果不理，白棋在 a 位补棋后，左边将全部成为白棋的实地。因此黑 17 打入是当然的进行，白 18 攻击，黑 19、21 可以轻松出头。

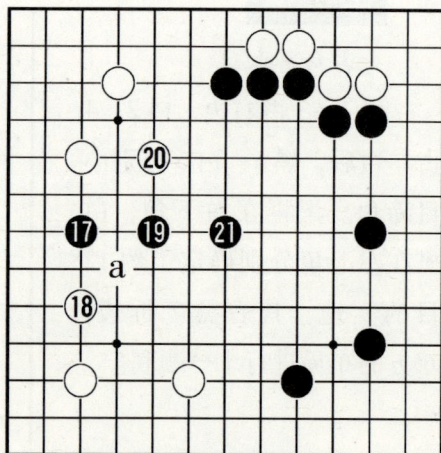

第 3 谱（17—21）

第 4 谱

白 24 侵消黑势并扩张自己，以后黑 27 若下在 a 位切断时，白 22 还有引征的作用。黑 29 封锁后，右中腹一带的黑棋得到了进一步巩固。白 30 是防备黑棋在 b 位靠的下法。白 22 和白 30 点时，黑棋必须于 23 位和 31 位连接。

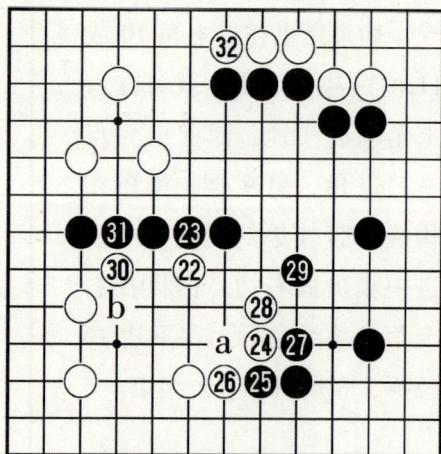

第 4 谱（22—32）

第 5 谱

黑棋弃子作战成功

黑 33 如果下在 34 位挡，白棋在 33 位切断后，黑棋无理。黑 37 是巧妙的弃子作战。

白 38 长，白棋虽可吃住黑 37 一子，但黑 41、43 是黑棋的绝对先手，黑棋可以先手整理右侧棋形。

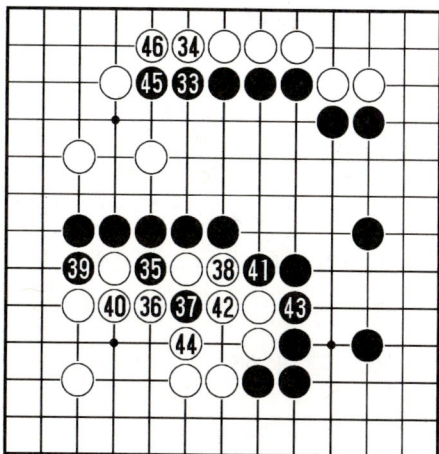

第 5 谱（33—46）

第 6 谱

双方中腹的交锋结束后，正式进入官子阶段。黑 47 在二路尖是先手压缩白棋的基本手法，其后黑 49 先手得利。黑 51、53 扳接也是基本收官手法，并且是最大的官子。白 54、56 同样如此，此时主要集中在二路收官。

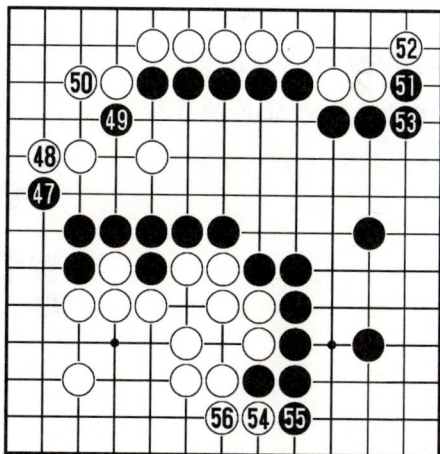

第 6 谱（47—56）

213

第7谱

先手官子

官子中先手十分重要，黑57下立是很好的选择，如果下成58位扳接是后手。白58应是当然的进行，黑59、61扳接时，白62必接。黑65、67与白68是同样的道理。

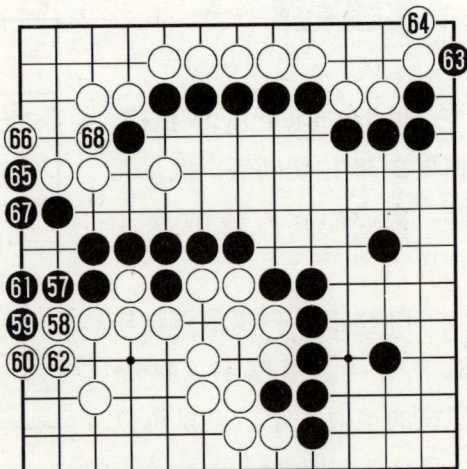

第7谱（57—68）

第8谱

注意单官

黑77是最后的次序，此时盘面还有z位的单官，a位和b位双方都必须连接，这一点希望大家要注意。

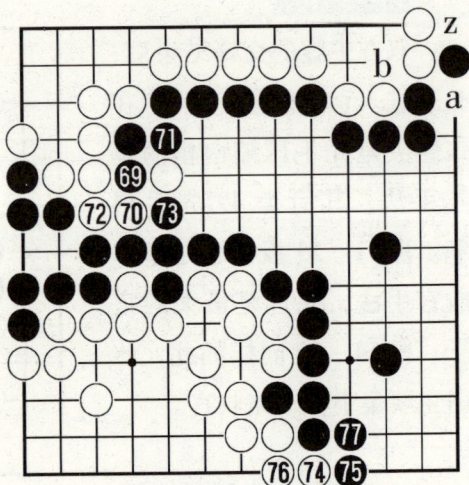

第8谱（69—77）

第 9 谱

整理棋形、点目

在收完单官，提掉死子后，双方可以进行点目了。为了方便计算，应划定分界线并整理棋形，并以 10 目为单位进行计算。

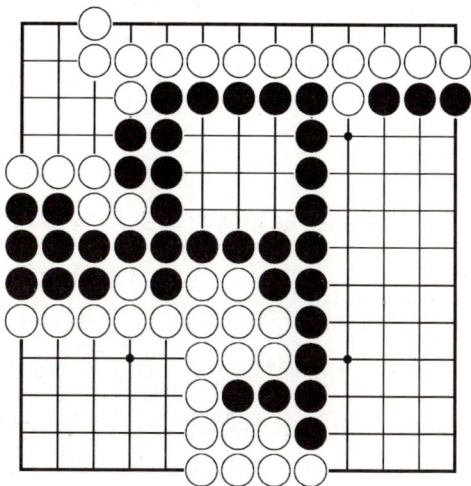

第 9 谱

通过计算，黑棋为 40 + 9 = 49 目。

白棋为 20 + 10 + 10 = 40 目，黑棋盘面胜 9 目。

再分析一下胜败原因，黑棋在左边成功打入是黑棋的胜因。

最后双方将黑白棋子整理好后，分别装入棋罐。

2. 高手实战欣赏

实战的感觉如何？运动场与练习场毕竟是不同的，围棋运动与其他体育比赛一样，要想培养真正的实力，最好的训练便是进行更多的实战体验。

但是实战再多也是有限的，此时最好的辅助方法是对高手实战的欣赏，虽说全面理解高手下的每一手棋是不可能的，但是起码对掌握围棋的对局过程和基本原理大有帮助。

具有7级以上水平的爱好者就可以开始欣赏职业高手的实战棋谱，如果有条件，也可以在旁边观战。欣赏一流高手实战的较好方法是观看电视节目，也可通过网络仔细欣赏，以培养自己的实战感觉。

下面收录了本人的两盘实战对局，希望大家在棋盘上摆摆，欣赏一下对局的过程。

实战欣赏 1

第30届最高位战五番棋挑战第5局

白方：曹薰铉九段

黑方：李昌镐四段（当时）

限时：各5小时

黑贴5目半，对局日期：1991年2月26日。对局地点：韩国棋院

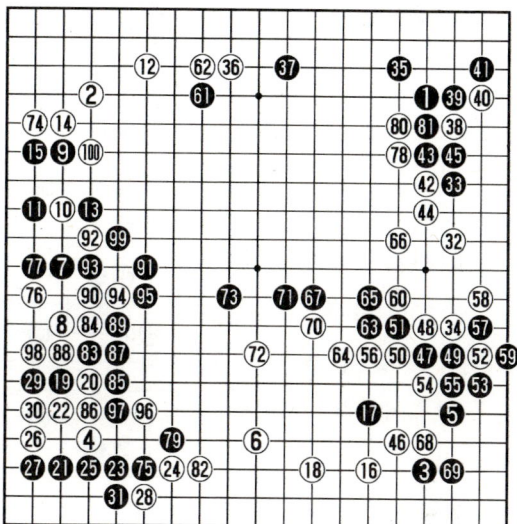

第1谱（1—100）

共246手，黑胜1目半

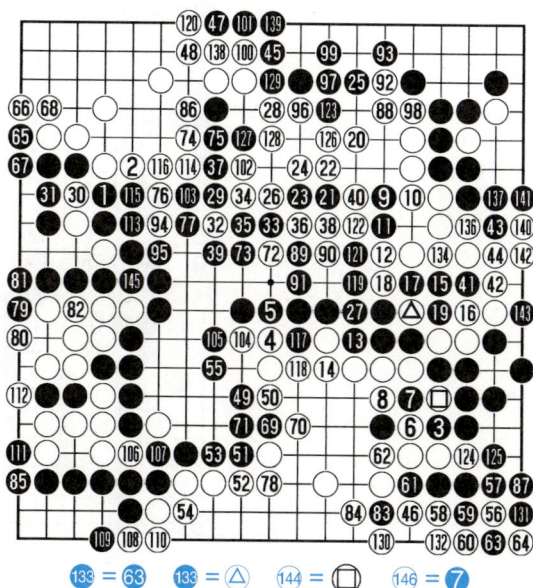

第2谱（101—246）

实战欣赏 2

1996 年世界围棋最强战

白方：李昌镐九段

黑方：马晓春九段

限时：各4 小时

黑贴5 目半，对局日期：1996 年6 月3 日。对局地点：中国棋院

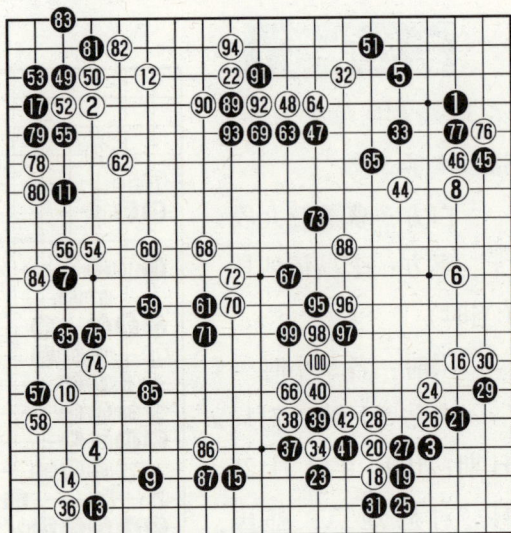

43 = 34

第 1 谱（1—100）

共 266 手，白胜 2 目半

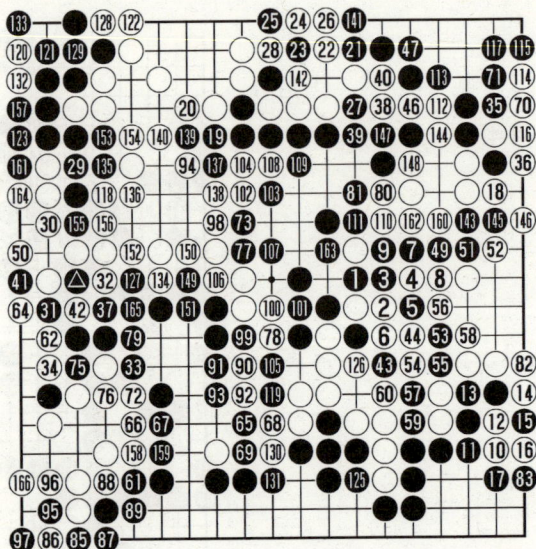

45 63 = △   48 74 = 42   84 = 15   124 = 55

第 2 谱（101—266）

3. 通向 12 级

　　通过本书，我们学习了围棋的基本原理、技术以及基础实战方法，对围棋有了基本的认识。

　　"泰山不是一天堆起来的"，这是一句古话，针对本书而言，也就是指仅靠一本书想立即完全理解围棋是不可能的，不过只要大家有兴趣、有激情，围棋水平必然会大有长进。

　　大家不妨尝试一下，看完一遍本书后，再回过头来看第二遍、第三遍，这样反复地学习，棋力必定能达到 12 级，最起码也能达到 15 级。

　　更详细的内容请阅读第 2 册《行棋要领》一书。